CALEB FERNÁNDEZ PÉREZ

# HAGEO

## RECONSTRUYENDO NUESTRA ESPIRITUALIDAD

Ediciones PUMA

**Hageo**
Reconstruyendo nuestra espiritualidad
© *Caleb Fernández Pérez*

© 2015  Centro de Investigaciones y Publicaciones (CENIP) – Ediciones Puma

Hecho el Depósito Legal en la Biblioteca Nacional del Perú N° 2015-11986
ISBN N°  978-612-4252-06-8

Primera edición: Setiembre 2015

Categoría: Estudios bíblicos - Comentarios

**Editado por:**
© 2015 Centro de Investigaciones y Publicaciones (CENIP) – Ediciones Puma
Apartado postal: 11-168, Lima - Perú
Av. Arnaldo Márquez 855, Jesús María, Lima - Perú
Telf.:       (511) 423–2772
E-mail:    Administración: puma@cenip.org
               Perú: pedidos@edicionespuma.org
               Internacional: ventas@edicionespuma.org
Web:       www.edicionespuma.org
Ediciones Puma es un programa del Centro de Investigaciones y Publicaciones
(CENIP)

Diseño de carátula: Henrique Martins Carvalho
Diagramación: Hansel James Huaynate Ventocilla



Salvo indicación expresa de otra versión, las citas bíblicas corresponden a la
versión Reina Valera 1960

A mis hijas, Paula y Rebeca.

# Agradecimientos

A mi esposa, Ester, por su amor incansable y al mismo tiempo paciente; por sus esmerados cuidados y preocupación. Sobre todo, por ser mi amiga y compañera en el primer ministerio que tenemos: nuestra familia. Por no dejar de animarme a escribir, y ayudarme en la revisión del texto final de la presente obra. Su propio proceso de renovación espiritual hizo más real este libro, para nosotros como familia. Te amo…

A mis padres, Oswaldo y Kelit, por ser incansables y apasionados en su amor a nuestro Dios y su reino. Son ejemplo de aquellos que priorizan la gloria de Dios por sobre cualquier otra cosa. Su ministerio me hace sentir privilegiado y, a la vez, pequeño, por tener aún mucho que crecer en mi vida personal y ministerial.

Particularmente, agradezco, la ayuda de mi padre, por sus observaciones teológicas y exegéticas. Sus aportes y comentarios enriquecieron el texto final.

A la Primera Iglesia Presbiteriana de Valparaíso por su amor, dedicación y paciencia. El libro de Hageo nos habló, en ella muy especialmente, en una época en la que teníamos que fortalecer la santidad y el servicio de la iglesia. Los frutos inmediatos que vimos venir fueron sorprendentes. Esperamos que el Señor, mediante su Palabra, siga afirmando a su iglesia cada vez más.

También agradezco por los comentarios y observaciones recibidos en la Iglesia. Ellos enriquecieron, semana a semana, la *Serie de mensajes en Hageo* predicados entre enero y julio de 2010.

A la Séptima Iglesia Presbiteriana Príncipe de Paz, de Santiago de Chile, por el privilegio de acompañarla pastoralmente en el proceso de reconstrucción de la realidad eclesial y ministerial de su congregación. Le agradezco especialmente por su generosidad y amor en la caminata que emprendimos juntos.

Y, principalmente, agradezco a Dios, de quien escribo, y a quien debo toda mi vida. A Él sea toda la gloria por siempre.

# Contenido

# Prólogo

**El autor, nuevamente,** en este su tercer libro, nos conduce a una voz profética del Antiguo Testamento. Tal como antes lo hizo con Habacuc y Rut, hoy nos lleva al tiempo del profeta Hageo. El libro de este profeta es breve, de sólo dos capítulos; mas, a pesar de su brevedad, encierra un profundo mensaje, el cual el pastor Caleb consigue extraer para aplicarlo a la vida y espiritualidad de la iglesia actual.

En adición, la lectura del libro del pastor Caleb nos conecta con la exposición bíblica de los púlpitos, como la que se da en su congregación, la Iglesia Presbiteriana de Valparaíso.

Haciendo un aparte pertinente, cabe resaltar que es una experiencia gratificante la que nos ofrece el protestantismo actual cuando le da continuidad al mensaje de la iglesia y lo expone con fidelidad al texto sagrado, de manera sencilla y asequible al lector común. Además de ofrecer una interpretación para la reflexión, y aplicaciones prácticas y eficaces.

En el caso de la presente obra, que está a tono con lo anteriormente expresado, la historia de la reconstrucción del templo de Jerusalén le sirve al pastor Caleb para hacernos ver y sentir la necesidad de reconstruir la espiritualidad de los creyentes, en nuestros tiempos críticos para la fe.

Estamos frente a un texto de lectura fácil y útil tanto para el lego en la comprensión de la historia bíblica del exilio y el retorno del pueblo de Dios, como para el estudioso de las Sagradas Escrituras. El autor revela conocimiento, dominio del sentido del texto y de su contextualización; ellos lo ayudan a la claridad expositiva.

Un acercamiento fructífero al texto hebreo le ha permitido entregarnos un trabajo hermenéutico adecuado y certero, que nos sirve para una aplicación eclesial, pastoral y personal. Por otro lado, es de resaltar, el autor consigue entretejer personajes, hechos cotidianos, procesos y teología como se podría hacer con cualquier historia de la humanidad.

Este es, pues, remarcamos, un estudio para quien se inicia y para quien quiera seguir estudiando el texto bíblico, sin perder su sentido del discipulado y la militancia en el evangelio de Jesucristo.

Permítanme referirles que, desde mi experiencia de lector concienzudo de la Biblia, al comenzar a leer la presente obra, me intrigó lo que podría decirse sobre la reconstrucción en días tan especiales como los nuestros. Honestamente, me alisté para ser inquisitivo; sin embargo, lo que puedo decir luego de leer el libro es que estamos frente a un texto de lectura fluida y dinámica, que cautiva el interés desde el comienzo. El desenlace de la historia, al que nos conduce el autor, muestra la relación entre la profecía y las expectativas religiosas por los acontecimientos futuros. Y todo esto es presentado con sencillez y calidez para convocarnos a la reflexión.

En tiempos posmodernos hay temáticas que provocan tensiones en las creencias y que interpelan la vigencia de nuestros valores, como las que enfrenta el profeta Hageo.

Finalmente, en el presente estudio se evidencia cómo las creencias se van fusionando con elementos religiosos ajenos que las llevan al consumismo y a un mercado religioso, en el cual la espiritualidad tiene una oferta al gusto, sin reflexión alguna.

Pastor Daniel Vásquez Ulloa
*Moderador Sínodo Iglesia Presbiteriana de Chile*
Viña del Mar, enero 2015

# Introducción

**Una de las mayores tragedias** de nuestros días es la carencia de sueños e ideales. La tarea de reconstruir ideales o gestarlos parece tan grande, tan difícil, que nos abandonamos a la apatía, la resignación, al letargo espiritual y aun existencial.

Hemos perdido la capacidad de soñar. Hoy vivimos el hedonismo, el placer como fin supremo y filosofía portátil. Estamos inmersos en medio de un inmediatismo patológico. Deseamos y nos incitan a ser felices ¡ya!; nos dicen que "lo merecemos". Sólo cuenta lo que vivo ¡aquí y ahora! Intentamos vivir sin raigambre, sin los grandes relatos que nos vinculan, sin los nobles ideales de nuestros antepasados. El único anhelo que soñamos cumplir es el de tener "nuestro metro cuadrado feliz", olvidándonos de la construcción de una sociedad mejor en el futuro. Y ese, entre otros, era un problema del pueblo de Dios.

Hageo es el profeta que habla con voz del cielo, la cual corre y fluye rápidamente por las sendas oscuras que deja nuestra época. La Palabra profética de Dios no es ajena a nuestros tiempos; ella siempre dice algo oportuno. Su voz transversal en la historia se escucha entre las grietas que dejan la sequedad de un camino obstinado que se aleja cada vez más de Dios. Un camino en el que se ha transitado peligrosamente, donde la falta de integridad en la interpretación bíblica ha llevado a muchos a predicar discursos religiosos distorsionados que conducen semanalmente a congregaciones enteras hacia la frustración y el abandono progresivo de la fe en Jesucristo. Porque una doctrina teológica tiene el poder de convencer y afirmar nuestra fe en el Dios de la historia; pero, también, puede distraer, confundir, y hacer tambalear proyectos divinos de transformación de circunstancias.

Nuestra realidad actual es parecida a la del tiempo del profeta Hageo, en la que el pueblo de Dios abrazaba una teología aferrada a la idea de que mientras tuviera el templo nada le podía pasar. Tenían una confianza mística asombrosa que consideraba al templo casi como el único lugar de habitación de Dios[1]. El templo se había tornado en un amuleto para ellos, sería por esa razón que Dios lo puso en manos del rey caldeo Nabucodonosor, quien gobernó Babilonia entre los siglos VI y VII a. C.

Ser el pueblo de Dios no tiene que ver con tradiciones, corrientes y denominaciones que intentan sobrevivir, conservar vigente su teología y mantener en pie sus tradiciones que con el pasar de los años se van perdiendo en una continua frustración. Jesús ya nos decía que el que perdiere su vida y renunciare a sus circunstancias internas y externas por la gloria de Dios y por el bien de su causa, encontraría el verdadero sentido de la vida.[2]

El pueblo de Dios tiende a resignarse, reconoce que "siembra mucho y recoge muy poco". Trasplanta modelos

---

[1] Jeremías 7.1–4.

[2] Mateo 16.25. Vida aquí es *psique,* y tiene que ver con lo corporal y la vivencia de los sentimientos, la racionalidad y la voluntad ante a lo interno y el entorno.

eclesiales y de misión que terminan generando conflictos con la misión de Dios. La revitalización es principalmente espiritual; por ello, cuando movimientos religiosos y eclesiales con prácticas contradictorias respecto del evangelio de Jesucristo desenfocan el sentido de la misión de Dios y de la iglesia, contribuyen muy poco a la extensión del reino de Dios. El cristianismo histórico se resiste a una renovación teológica de la mano de una revisión constante de sus tradiciones a la luz de las Escrituras; sin embargo el pueblo de Dios en algunas épocas se siente necesitado de un despertar espiritual; lo malo es que se equivoca cuando sigue modelos exitosos individuales, en detrimento del servicio a los demás y al reino de Dios.

Dios habla al pueblo a través de Hageo, le dice que ahora sí tendrá buenas cosechas, que lo va a bendecir, y que la recuperación del espacio de culto para la adoración y el punto de partida del servicio serán una realidad. Los sueños del pueblo de Dios tendrán que encajar con esta Palabra de Dios.

Hageo no profetiza para que el pueblo busque prosperidad, sino para denunciar el orden de sus prioridades y su lujoso nuevo estilo de vida. No predica para calmar la conciencia adormecida, sino para hincar el alma con la Palabra divina. Hageo no era un costurero de lo efímero, sino un escultor de lo permanente y eterno.

# En los días de Hageo y en los nuestros

**Los eventos que fueron sucediendo** en la época de Hageo debieron ser de gran importancia. Dios, por primera vez, después del exilio, habló a su pueblo nuevamente. Una vez más Dios, a través de la voz profética, rompe su silencio de largos años con un mensaje claro.

El Imperio babilónico, controlado por la dinastía caldea, tenía en cautividad al pueblo de Dios desde el año 597 a. C.; sin embargo, no se sostuvo durante mucho tiempo tras la muerte de Nabucodonosor en el año 562, y su decadencia fue rápida. La sucesión en el Imperio babilónico hizo que se desmoronara su organización política, y la enemistad con los sacerdotes de Mardük, el dios imperial de Babilonia, no se hizo esperar.

En 539 a. C., el ejército del rey persa Ciro ii el Grande entró a la ciudad de Babilonia, aprovechando el momento de debilidad interna por el que atravesaba en aquellos días, y acabó con ella. Así, el dominio del mundo pasó del Este al Oeste, ya que los imperios de Asiria y Babilonia fueron semitas, pero no el nuevo Imperio medo-persa, que era de origen indoeuropeo-iraní.

Frente a los sucesos, los exiliados judíos sabían que nuevos tiempos se iniciaban para ellos. Ciro ii estaba dispuesto a establecer ciertas políticas que permitirían concretar proyectos elaborados tanto para los que quedaran en Jerusalén —el pueblo de la tierra, de los sectores bajos— como para los sectores medios que estaban en Babilonia. En este nuevo tiempo bajo el Imperio persa las condiciones habían cambiado; entonces el pueblo de Dios obtuvo nuevas características.

Debemos suponer que el pueblo de Dios estaba ansioso por regresar a Jerusalén, pues habían pasado cincuenta años desde el exilio. Sin embargo, la palabra profética de Jeremías de establecerse en Babilonia, construir casas, sembrar huertas, contraer matrimonio y criar sus familias, cinco décadas antes, se había arraigado firmemente en el corazón del pueblo.[1] De hecho, algunos tuvieron éxito en los negocios, los niños llevados al exilio ya tenían más de cincuenta años, los adultos habían envejecido y eran, además, abuelos con nietos. Se habían instalado, habían recibido de la cultura y aportado a ella. No todos los jóvenes querían regresar a una tierra que nunca habían conocido. Frente al ofrecimiento de Ciro II para el retorno a Jerusalén, en el año 538 a. C., apenas cincuenta mil judíos regresaron en la primera oportunidad que se presentó.[2] Una considerable comunidad judía permaneció en Babilonia por siglos, convirtiéndose en un centro de erudición que produjo, entre otras cosas, el Talmud babilónico.

Entre los exiliados de Jerusalén, migrantes forzados, no obstante sobrevivía una teología, una forma de ver su propia historia y espiritualidad, que permanecía latente en las mentes y corazones. Ellos albergaban la esperanza de la restauración plena del pueblo de Dios, como lo

---

[1] Jeremías 29.5–7.
[2] Esdras 2.64; Nehemías 7.66.

había profetizado Isaías. Y, aunque la realidad por la que atravesaban era otra, pues no sufrían en Babilonia la cruel esclavitud que antaño el pueblo de Dios había sufrido en Egipto, el profeta Isaías había hablado de la liberación que efectuaría el Señor. Esperaban que Ciro II llevara a cabo la restauración de los judíos, elevando esta esperanza muy por encima de la idea popular de un simple retorno físico a Palestina y el resurgimiento del Estado davídico. Isaías aguardaba nada menos que una repetición de los sucesos del Éxodo, la reconstitución del pueblo de Dios y el establecimiento del gobierno real de Jehová en el mundo.[3]

Como vemos, la promesa convertida en esperanza ya estaba instalada en algunos. Así miles de judíos decidieron regresar, pues parecía ser inminente la nueva era gloriosa y un luminoso futuro de redención. La historia continuaba y en ella Dios tenía un rol especial de redención que solo Él podía realizar; esa es la salvación de la que hablaba el profeta Isaías y que Jesús la haría realidad, mediante la historia judía más allá de un mero espacio de adoración.[4]

En un contexto de expectativa, Ciro II firmó un decreto que revertía la política de desarraigar de sus hogares a los hombres y mujeres de los pueblos conquistados por los asirios y babilonios. Esto resulta llamativo, pues en lugar de aplastar el sentimiento nacional por medio de la brutalidad o la deportación, como solían hacerlo los anteriores gobernantes babilonios, su aspiración era permitir que los pueblos sometidos gozaran de cierta autonomía dentro de la estructura del Imperio, respetando sus costumbres, protegiendo y alentando los cultos establecidos por ellos, y confiando la responsabilidad del gobierno local a príncipes nativos.

---

3  Isaías 43.9–15.
4  Juan 4.21–22; Isaías 9.11.

De esta manera, Ciro favoreció al pueblo judío ordenando la restauración de la comunidad y el culto judío en Palestina.[5] El decreto que firmó para los judíos estipulaba que el templo fuera reconstruido y los gastos subvencionados por el tesoro real. Ordenaba también que los utensilios tomados del templo por Nabucodonosor fueran devueltos a su debido a su lugar.

Palestina era una tierra relativamente lejana no sólo geográficamente, sino también de los sentimientos de los más jóvenes, quienes hablaban más arameo. Aunque ellos estaban entusiastas por el viaje y por conocer la tierra de la que habían oído hablar a sus padres que aún conservaban el idioma hebreo, no podían dimensionar lo que experimentaban los más ancianos, lo que para ellos significaba el retorno. No sabemos casi nada de la suerte del grupo inicial, pero lo poco que conocemos ha sido significativo para nuestra historia.

En los registros de esta profecía queda claro que si bien el primer paso fue alentador, en los siguientes años la empresa del retorno y la restauración experimentaría amargas desilusiones, no produciendo apenas otras cosas que frustración, desaliento y resignación. Parecían incumplidas las ardientes promesas de Isaías, de hacía dos siglos atrás. Una frase los concientizaría de la realidad: *Sembráis mucho, y recogéis poco.*

En medio de aquellos años desalentadores, de ánimo opacado y de baja moral en la comunidad, que incidían peligrosamente en la espiritualidad del pueblo de Dios, surge el ministerio profético de Hageo.

---

5  Esdras 1.2–4; 6.3–5.

Se conoce poco acerca de este profeta que vivió en Babilonia y retornó en la primera oportunidad de migración hacia Jerusalén. La gran duda sobre él se centra en su edad a la hora de ejercer su ministerio. Dos tradiciones judaicas entran en disputa para aclarar la dificultad. La primera afirma que Hageo fue un joven entusiasta dispuesto a rescatar el valor histórico de la religiosidad de su nación, que convivió con Daniel y retornó a Palestina con el primer grupo. En la otra tradición, se tiene como referencia lo que se podría sugerir a partir de Hageo 2.3,[6] que el profeta conocía las glorias del templo salomónico. Entonces, de acuerdo con esta segunda tradición judaica, él habría vivido la mayor parte de su vida en Babilonia; de esta manera, el hecho de ser un hombre de más de ochenta años cuando profetizaba sería el factor que daría cuenta de su breve pero significativo ministerio. Sea por el ímpetu de su juventud o por la experiencia de su vejez, Dios lo llamó y su edad no fue impedimento para que levantara la voz profética en Jerusalén.

El nombre Hageo significa 'festivo'; en hebreo, *hag* quiere decir 'fiesta'. Esta palabra se encuentra asociada usualmente a las tres fiestas de peregrinación del calendario religioso judío. Probablemente, el profeta nació en uno de los días de fiesta, y por esto lo llamaron "Mi fiesta".

Según parece, el profeta Hageo provenía de una familia de origen humilde, ya que no se menciona el nombre de su padre ni la ciudad en donde nació. Lo que sabemos es que fue un hábil predicador, capaz de urgir al pueblo a actuar sin dilación, ya que una cosa es predicar un mensaje tibio, y otra

---

6  ¿Quién ha quedado entre vosotros que haya visto esta casa en su gloria primera, y cómo la veis ahora? ¿No es ella como nada delante de vuestros ojos?

muy distinta predicar de tal modo que el auditorio se sienta impelido a pasar a la acción. Dios lo usó y capacitó para este ministerio porque seguro vio en él un hombre capaz de recibir el mensaje divino y, con todo, permanecer humilde.

Hageo, cuyos oráculos se gestaron entre agosto y diciembre del año 520 a. C., fue contemporáneo de Zacarías, quien comenzó a hablar en otoño del mismo año[7]. Ambos fueron los promotores de la reconstrucción del templo. Los cinco meses en los que se ubica la profecía de Hageo, comienzan con la fiesta del Año Nuevo de la tradición judía.[8] El Año Nuevo que celebraban en Babilonia se iniciaba en *nisán*, abril. Le seguía la Fiesta del Perdón o de la Expiación, el *Yom Kipur*,[9] en el mes de *tishri*, setiembre, y en el mismo mes se daba la Fiesta de las Enramadas o de los Tabernáculos. En esta última fiesta se entregaba una ofrenda voluntaria y debían recordar que antes habían tenido que habitar en tiendas[10]; incluso el templo había sido un tabernáculo, una carpa.

Es posible que veamos a Hageo obsesionado con la construcción de un edificio; pero la Fiesta de las Enramadas, al final del tiempo de sus profecías, algo nos dice en relación con lo que comienzan a revivir los que retornan del exilio. Ellos llevan dentro de sí un pasado digno de recordar, toda una historia de la manifestación de Jehová a su pueblo, y la expectativa de que lo siga haciendo en el templo de forma especial.

Los profetas Amós e Isaías ya habían criticado la ofrenda de sacrificios superficiales como inaceptables

---

[7]  Esdras 5.1; 6.14.

[8]  Levítico 23.23–35.

[9]  Levítico 16 y 23.26–32.

[10]  Levítico 23.33–43

delante del Señor. Y Miqueas y Jeremías habían predicho la destrucción del templo. Entonces, ¿por qué Hageo insiste en que el templo debía ser restaurado para que la bendición de Jehová llegara con mayor gloria? El profeta es guiado a seguir la línea profética de Ezequiel con la que Jehová había proyectado el futuro de su reino. Este profeta anunciaba que la gloria de Jehová, que había abandonado el templo, regresaría y resplandecería la tierra[11] para dar paso a la "Edad Mesiánica".

Hageo, al igual que Ezequiel, no podía imaginar la gloria de Dios sin un espacio de culto; y a su pueblo sin un lugar sagrado de adoración. Sabía que el Señor no estaba satisfecho con las circunstancias y creía que el templo debía ser reconstruido para que, a partir de éste, la gloria del Señor pudiera regresar y habitar en su pueblo.[12]

En todo esto apreciamos una razón escatológica que hacía que el templo fuera imprescindible. La reconstrucción del templo, en ese momento, era una condición para esclarecer el advenimiento de la era mesiánica y la manifestación de la gloria de Dios en la historia.[13] Hageo establecía en su profecía que el templo era un símbolo de la continuidad entre el pasado y el presente. En esa continuidad se perfilaba el sentido profético, orientado siempre hacia el futuro, reconociendo a Jehová como soberano de la creación y asegurando que Él iba a hacer algo a gran escala en la historia.

Por lo tanto, no se puede estudiar a Hageo y evitar la reflexión sobre la relación que existe entre el "templo de Jehová" y la "gloria de Dios". Si el templo del Antiguo

---

[11] Ezequiel 43.1–2

[12] Ezequiel 1.8–9, 2.17.

[13] Ezequiel 2.6–9.

Testamento existía para la gloria de Dios, la paralización del proyecto de reconstrucción no era apenas el abandono de las obras de un edificio, era la indiferencia del pueblo de Dios hacia la presencia de Jehová, y la manifestación de su gloria en medio de ellos.

El pueblo de Dios, ya sea antes como Israel u hoy como iglesia, existe y existirá para la gloria de Dios. Pero cuando vemos a la iglesia indiferente, colocando prioridades ajenas, viviendo el exitismo del presente, sembrando mucho pero cosechando escasamente, advertimos la necesidad urgente de estudiar el mensaje de Dios a través de Hageo. Tal como sucedía con el pueblo de Dios cuando regresó del cautiverio babilónico, el pueblo está mirando, pero a sí mismo. Construye casas artesonadas, y padece, al parecer sin notarlo, de la parálisis de la reconstrucción de su espiritualidad. Va sin anhelos de la presencia y de la manifestación gloriosa del Dios de la historia.

# Dios nos llama
# a un diálogo honesto

**Era el tiempo del retorno,** Dios había conseguido un cambio en la política imperial. El rey Ciro II decide decretar el regreso de los judíos y permitir la reconstrucción del templo y la ciudad de Jerusalén. Cincuenta mil personas regresaron lideradas inicialmente por Sesbassar, el gobernador de Judá designado por el rey; posteriormente, por Zorobabel, con quien se inició la reconstrucción del templo.[1]

Un tiempo después se sucedieron dos caravanas comprometidas con el rey para algunas tareas específicas. La liderada por Esdras se ocupó de la restauración de la reeducación y la enseñanza, a partir de la interpretación de la ley de Moisés. Había que darle sentido a la nueva oportunidad que tenía el pueblo de Dios tras el exilio y a las nuevas generaciones, en un contexto diferente.[2] El segundo grupo, liderado por Nehemías, se ocupó de la reconstrucción de la ciudad y de sus muros.[3]

Los primeros capítulos de Esdras hablan de los grandes sacrificios del primer grupo de exiliados, pero también

---

[1]   Esdras 5.14.

[2]   Esdras 7.6–25; Nehemías 8.1–8.

[3]   Nehemías 1.

de las grandes esperanzas que se habían despertado en ellos por las profecías de Isaías sobre un anhelado siervo de Jehová, que habría de irrumpir en la historia. Cuando llegaron a Jerusalén no había más que ruinas y pobreza, además de la oposición de los samaritanos y la población local. Como consecuencia de ello, poco se hizo para lograr la reconstrucción del templo en aquellos primeros dieciséis años, entre el 536 y el 520 a. C.

Era evidente que no se había oído en Jerusalén voz profética hacía mucho tiempo. Podemos imaginar el impacto del pueblo al saber que Dios con un diálogo honesto se presenta y rompe el silencio para hacer preguntas francas y directas por medio del profeta Hageo. ¿Era el tiempo para lo que estaban haciendo? ¿Por qué no les iba bien en lo que hacían?

A Hageo le toca la tarea de concientizar al pueblo acerca del sentido de su espiritualidad y la fuerza de su esperanza, por el pacto de Dios aún vigente para su pueblo.

## Resignación histórica para continuar los proyectos

> *En el año segundo del rey Darío, en el mes sexto, en el primer día del mes, vino palabra de Jehová por medio del profeta Hageo a Zorobabel hijo de Salatiel, gobernador de Judá, y a Josué hijo de Josadac, sumo sacerdote, diciendo […]* (Hag 1.1)

Algo estaba sucediendo en la relación del pueblo con Dios. El entusiasmo del regreso por un lado, y luego la clara intervención divina en la política del Imperio, favoreciendo el retorno, no habían sido suficientes para priorizar la gratitud y la adoración, expresada inicialmente en la preocupación por la reconstrucción del espacio de culto. La obra había sido paralizada y los líderes políticos, representados por Zorobabel, se desentendieron de la misión encomendada; y aun los líderes religiosos, representados por Josué, estaban resignados a una realidad: la obra era grande y por eso lo mejor era comenzar por acomodar mejor las viviendas y más tarde se vería lo que se podía hacer.

Era el primer día del sexto mes, de *elul*[4], día de luna nueva, el día en que el pueblo se juntaba para adorar a Dios. Esto iba a realizarse en un templo en ruinas. Después de tantos años de silencio profético, la voz de Dios vino al pueblo en un día de adoración. El día de luna nueva era día santo, un nuevo año se iniciaba. Las actividades relacionadas con el trabajo eran suspendidas, de la misma forma que en el día de reposo[5], y una ofrenda en sacrificio especial era ofrecida al Señor para reparación de la ofensa y reconciliación.[6]

La Palabra de Dios estaba dirigida, primeramente, a los líderes políticos y religiosos de la época. El profeta habló de parte de Dios a los hombres principales de la comunidad en presencia del pueblo que estaba en adoración, en medio de circunstancias contradictorias y preocupantes. Fue un llamado a un diálogo honesto con Dios, una resonante convocación a la acción para un pueblo que resignado por causas internas y externas había decidido no continuar con el proyecto encomendado.

---

4  Elul ("cosecha") es el sexto mes según el ordenamiento de los meses en la Biblia, que comienzan por Nisán, en conmemoración de la salida de los hebreos de la esclavitud en Egipto. Elul es un mes de contrición y penitencia, llamado "el mes de la piedad y el perdón". Es el comienzo de un año nuevo propio, pues Babilonia les había inducido otro Año Nuevo.

5  Amós 8.5.

6  Números 28.11–15.

El encuentro con la tierra fue más un desencuentro. En primer lugar, la ciudad los recibía con una gran escasez. El desencanto y la pobreza les hicieron recapacitar en si había valido la pena el retorno. Reiniciar la vida en un país en escombros no les dio espacio para pensar en invertir su tiempo y sus escasos recursos en el templo. Además, el pueblo estaba acostumbrado a vivir sin el templo en Babilonia.

En segundo lugar, los exiliados estaban solos en el desafiante proyecto de reconstrucción y recibieron tentadoras propuestas para alianzas estratégicas que eran sumamente peligrosas. Más adelante Esdras nos relata una de estas propuestas; los samaritanos, primos hermanos de los judíos, pero de una religiosidad sincrética e idólatra, les propusieron unirse para llevar adelante el proyecto de reconstrucción.[7] Esto significaba un camino sin retorno hacia la apostasía religiosa, hacia el abandono de la adoración al Dios de Abraham, Isaac y Jacob. Los judíos se negaron rotundamente a aceptar la propuesta de cooperación. Esto llevó a los samaritanos a tornarse enemigos de este proyecto y a incitar, por medio de engaños y falsas acusaciones, al rey Artajerjes de Persia (465–423), quien había sucedido a Darío, a promulgar un decreto prohibiendo la reconstrucción[8]; sin embargo, más tarde, apoyó financieramente a Esdras.[9] La actitud de los samaritanos podría reflejar algo del trasfondo

---

[7]  Hageo 2.10–14 parece referirse a esta oferta.

[8]  Esdras 4.5–7, 21.

[9]  La reconstrucción del nuevo templo se terminó durante el reinado del segundo de los tres reyes que, según Esdras 6.14, promulgaron decretos relacionados con el templo: Ciro, en torno al 537; Darío i, alrededor del 520; y Artajerjes i, en 458/57. Al parecer, se siguió trabajando en el templo debido, precisamente, a este tercer decreto, el de Artajerjes (Hag 7.11–26; 27; Neh 1 y 2).

del diálogo de Jesús con la samaritana sobre el lugar de la verdadera adoración.[10]

En tercer lugar, el profeta Hageo también observó que en el pueblo había un recuerdo exagerado de los tiempos mejores del templo de Jerusalén. Los judíos jamás podrían construir uno con el esplendor del de Salomón, y el proyecto de un templo menos suntuoso y más modesto desanimaba a los más entusiastas y apegados a sus raíces e historia de su pueblo. Una gloria superior en un templo menos elegante era inconcebible para su religiosidad, y aún menos que esa gloria llegue más allá de los muros del templo.

En cuarto lugar, una interpretación inexacta de la profecía de los setenta años del cautiverio babilónico decía: [...] *No ha llegado aún el tiempo, el tiempo de que la casa de Jehová sea reedificada* (v. 2). Así, en vez de ser una bebida energética, se fue convirtiendo en un narcótico para los judíos. La interpretación equivocada de la profecía terminó por reafirmar el sentimiento de inevitabilidad irreversible de las cosas. Esto los llevó a pensar que no serviría nada de lo que hicieran, y que deberían esperar que el reloj de la profecía divina marcara la fecha predestinada para la reedificación.

El resultado fue la resignación y, por lo tanto, la paralización de la obra. El pueblo se fue acostumbrando a no tener un templo o, peor aún, a ver cada día un templo a medio terminar. El esqueleto del templo en ruinas era como un cadáver que se descomponía en Jerusalén y lo contaminaba todo. Históricamente, cuando las circunstancias favorables no lo han acompañado, el pueblo de Dios se ha entregado a un sentimiento de resignación que termina por matar finalmente su fe y esperanza.

---

10 Juan 4.20–24.

El pueblo de Dios es siempre proclive a sufrir este tipo de resignación histórica que le impide continuar con los proyectos divinos en la historia. Los creyentes contemporáneos se resignan cuando la falta de recursos les impiden iniciar e invertir en proyectos que están en el corazón de Dios para la expansión de su reino; cuando ceden a las tentadoras propuestas de alianzas dudosas que los llevan a una distorsión del verdadero culto a Dios; cuando el pasado y su apego a las tradiciones los aprisionan y les impiden mirar el futuro con esperanza y expectativa de cambio; cuando la falta de integridad en la interpretación bíblica los lleva a discursos religiosos distorsionados que conducen semanalmente a congregaciones enteras hacia la frustración y el abandono progresivo de la fe.

Dios tiene un proyecto para su pueblo y busca un diálogo honesto con él que lo motive e impulse nuevamente a la acción cuando lo ve resignado frente a la adversidad. El cristianismo debe apropiarse de la palabra profética frente al silencio de su resignación, pues necesita una espiritualidad que madure hacia la recuperación del servicio y la santidad como parte de su experiencia como pueblo de Dios.

# Distorsión teológica para obstaculizar los planes divinos

> *Así ha hablado Jehová de los ejércitos, diciendo: Este pueblo dice: No ha llegado aún el tiempo, el tiempo de que la casa de Jehová sea reedificada* (Hag 1.2).

La resignación histórica del pueblo de Dios comúnmente ha venido de la mano del falso discurso profético, de la distorsión teológica producto de una interpretación antojadiza de la historia y la Escritura.

Recordemos que en los exiliados sobrevivía una teología que albergaba la esperanza de la restauración plena del pueblo de Dios, como lo había profetizado Isaías, en la que esperaban nada menos que una repetición de los sucesos del Éxodo, la reconstitución de tribus de Jacob y el establecimiento de la conciencia del gobierno real de Jehová en el mundo. Pero, al parecer, se habían concebido esperanzas demasiado elevadas, pues el "nuevo éxodo" triunfal no guardaba ningún parecido con lo que había sido el Éxodo y el paso del Mar Rojo.

En la mayor parte del pueblo de Dios se había diluido la esperanza; se comenzaba a dudar de la eficacia del poder de Jehová y se había internalizado una nueva forma de ver a Dios. Entonces, Dios mismo se coloca en la escena sociopolítica y religiosa por medio del profeta Hageo, y sus primeras palabras son decidoras en relación con el sentimiento del pueblo de Dios. El profeta lo presenta como "Jehová de los ejércitos". Este nombre es utilizado siempre que se desea realzar la imagen de Aquel que tiene dominio sobre las huestes celestiales y los reinos de este mundo. Jehová Señor del universo[11] es quien tiene poder absoluto y ninguna fuerza humana, o cósmica, ningún decreto o rey terreno, puede resistirse a su poder y a su soberana voluntad.

El principio de la profecía también contempla la molestia de Dios Todopoderoso frente a la actitud de su pueblo. Esto es evidente cuando Dios lo llama "este pueblo", en lugar de "mi pueblo", transparentando así la distancia que

---

[11] Sociedad Bíblica de España. *La Palabra*. El mensaje de Dios para mí, 2010, p. 760.

existía en esta relación. Las interpretaciones absurdas que el pueblo había elaborado y la actitud de los exiliados que colocaron sus intereses por encima de los intereses de Jehová de los Ejércitos, terminaron por distanciarlos. Sin embargo, como insistía el profeta Oseas, Dios va detrás de su pueblo, y cuanto más se aparta de Él, más recursos utiliza el Señor para atraerlo hacia su amor, liberándolo del yugo y proveyéndole para su sustento, sin que tomen conciencia de quien lo hace.[12]

Al no encontrar una relación entre su teología y sus circunstancias, el pueblo judío postergó los planes de Dios para priorizar sus propios proyectos. Abandonaron la casa de Dios para invertir en sus propias casas. Ellos no decían que la reedificación no debía ser realizada, sino que "aún no había llegado el tiempo oportuno" para reconstruir. Crearon un falso justificativo para aminorar la voz de su conciencia. Juzgaron que la oposición para hacer la obra era una señal de que no era el tiempo para reconstruir. Hicieron una lectura de las circunstancias a su propia conveniencia, la cual los llevó a suscribir una teología distinta a la que Dios había expresado por medio de los profetas antes y durante el exilio.

Una doctrina teológica tiene el poder de convencer y afirmar nuestra fe en el Dios de la historia, pero también de distraer, confundir, y hacer tambalear proyectos divinos que pueden transformar las circunstancias. El pecado de los judíos fue la conformidad, postergar el proyecto de Dios para priorizar sus propios proyectos e ideologías. La presencia de dificultades no debería llevar al pueblo de Dios a desertar de la restauración del reino de Dios en la historia,

---

12 Oseas 11.1–4.

sino, por el contrario, debería animarlo a construir lo que a algunos les parece imposible.

La Palabra de Dios está llena de desafíos y planteamientos radicales que instan al pueblo de Dios a tomar una postura frente a la coyuntura sociopolítica y religiosa del país, y luchar contra la resignación. Por ello, por medio de Hageo, Dios comienza hablándoles al gobernador y al sumo sacerdote, "despertándoles su espíritu".[13] El pueblo de Dios se caracteriza por ser perseguido; por ello, si en algún momento de la historia no lo es, debe comenzar a preocuparse. Los judíos pensaron, desde su comodidad, que la oposición que pretendía impedir la reconstrucción era la voz de Dios, y se convencieron de que insistir sería estar fuera del "tiempo de Dios".

Nosotros vivimos en ese tipo de conformidad, nuestras interpretaciones bíblicas sufren la tentación de rendirse fácilmente ante a las situaciones difíciles, pero necesitamos creerle a Dios cuando habla por medio de una voz profética valiente, que encara la realidad de desobediencia y transgresión. Al pueblo de Dios lo ha perseguido el miedo a realizar una interpretación más contestataria, y vive peudosatisfecho con el paquete de doctrinas que ya se le ha entregado, con las experiencias que lo han marcado, y una cosmovisión que finalmente oprime a los creyentes porque se conforman con lo que ya han alcanzado como expresión del reino de Dios y ya no tienen visión ni sueños por un mundo distinto. Dios debe cansarse de algunas de nuestras teorías teológicas que sólo minan la obra de expansión de su reino y de su gloria aquí en la tierra.

---

[13] Hageo 1.1, 14.

# Provocación divina
# para movilizar a su pueblo

*Entonces vino palabra de Jehová por medio del profeta Hageo, diciendo: ¿Es para vosotros tiempo, para vosotros, de habitar en vuestras casas artesonadas, y esta casa está desierta?* (Hag 1.3–4).

El pueblo tenía pruebas suficientes de que la voluntad de Dios los guiaba a la reconstrucción del templo. Darío había confirmado lo que Ciro había decidido hacía unos años[14]. Dios ya había tocado su corazón para liberarlos y enviarlos a Jerusalén, además de brindarles los recursos[15] para llevar adelante su proyecto, recuperar la conciencia de su presencia y restaurar su gloria en medio de su pueblo.

Dios pone en juicio las prioridades del pueblo, cuestiona que hayan ido tan lejos en su abandono e indiferencia hacia su gloria y denuncia una temible incoherencia. Por medio de su profeta, denuncia la procrastinación del pueblo, que ha postergado irresponsablemente la reedificación del templo, sin estar atento a los acontecimientos políticos, a los signos del reino de Dios favorables para hacer la mejor inversión en la casa de Dios, redoblar esfuerzos y alterar las prioridades. Buscar primero lo sagrado en la época de Hageo era como buscar primero el reino de Dios en la enseñanza de Jesús[16].

El sentido de la palabra "artesonada" nos lleva a su significado original de 'colocar un forro', relativo a los acabados en la construcción, algunas veces extravagantes. Cuando ellos llegaron, reubicaron el altar y pusieron las bases del

---

14 Esdras 6.1–6; 4; 5.

15 2 Crónicas 36.22–23; Esdras 1.1–4; Isaías 44.28.

16 Mateo 6.33.

templo de Dios, pero el resto continuaba en ruinas, sin techo. Los judíos expatriados eran de los sectores acomodados de la sociedad judía, estaban acostumbrados a un estilo de vida descrito por Jeremías en la siguiente cita bíblica. "Ay del que se edifica su casa espaciosa, salas airosas, grandes ventanales, cubiertas de cedro y pintadas, sin justicia"[17]. Los acabados de las casas eran lujosos; las paredes se cubrían con maderas finas, similares a los acabados de los palacios reales.[18] Inclusive podemos sospechar que utilizaron para sus edificaciones la madera de cedro destinada para el templo, ya que para reiniciar el proceso de reconstrucción se necesitó subir a buscar más madera, autorizada por Ciro.[19] No sólo las prioridades se alteraron; también el uso de los recursos previstos por Dios a través del rey persa, para quien "Jehová es Dios de los cielos que le ha concedido todos los reinos de la tierra y le ha mandado que le edifique casa en Jerusalén".[20]

El valor que le daban a lo sagrado estaba a tal punto deteriorado que dejaron el templo en ruinas. La postergación de lo prioritario y el mal uso de los recursos, son problemas que aquejan al pueblo de Dios aun hoy. Para la casa de los adoradores, material importado, de primera calidad, sin escatimar gastos; para la casa de Aquel a quien debían adorar permanente, por el momento, nada.

El profeta continuó expresando la Palabra inspirada; lo hace con una tremenda declaración, que suena a provocación divina. Dios ironiza a su pueblo y, con una pregunta provocadora, les dice: "Mi casa está desierta y ustedes están

---

[17] Jeremías 22.1–15.
[18] Salomón había creado un estilo (1R 7).
[19] Esdras 3.7.
[20] Esdras 1.2.

decorando las suyas" (v. 4). Dios deseaba que el pueblo ordenara sus prioridades. Cuando desordenamos el orden de nuestras prioridades, a Dios le parece inconcebible que no tomemos conciencia del desorden una vez que Él ha reordenado nuestras vidas.

Es evidente que el evangelio trata de la gloria de Dios, de la conciencia de su presencia en nuestra historia, no de templos como espacios sagrados suntuosos y lugares de culto funcionales. El cristianismo necesita permanecer claro en su austeridad, sencillez y humildad, por más heredero que sea de obras arquitectónicas. La gloria de Dios sobrepasa el espacio de culto, y Dios se muestra más glorioso en la funcionalidad, eficiencia y practicidad del avance de la conciencia de su reinado. Debemos seguir siendo ese pueblo especial, esa comunidad que sirve para la gloria de Dios. Por lo mismo, es incompatible con el evangelio de Jesucristo la extravagancia de algunos pastores, ministerios e iglesias que muestran y ofrecen a las personas lo que ellos quieren como sujetos de consumo, para la gloria de sí mismos. Dios nos llama a un diálogo honesto para interrogarnos acerca del valor que le estamos dando a su gloria, pues en "algunos espacios" se ha tornado visible que el templo aún está en ruinas.

# NOTAS:

_______________________________________

_______________________________________

_______________________________________

_______________________________________

_______________________________________

_______________________________________

_______________________________________

# PREGUNTAS PARA LA REFLEXIÓN:

1. *¿Cuáles fueron las causas internas y externas que llevaron al pueblo a no continuar el proyecto de reconstrucción?*

_______________________________________

_______________________________________

_______________________________________

_______________________________________

2. *¿Qué sucede con nosotros cuando no nos acompañan circunstancias favorables en los proyectos que emprendemos para el reino de Dios?*

_______________________________________

_______________________________________

_______________________________________

_______________________________________

3.  ¿Por qué es importante realizar una buena interpretación de la Biblia? ¿A dónde nos podría llevar una distorsión teológica de los tiempos de Dios?

__________________________________________

__________________________________________

__________________________________________

__________________________________________

__________________________________________

__________________________________________

4.  ¿Cuáles eran las pruebas que demostraban que Dios guiaba a su pueblo a la reconstrucción del templo?

__________________________________________

__________________________________________

__________________________________________

__________________________________________

__________________________________________

__________________________________________

5.  ¿Qué significado tenía para la espiritualidad del pueblo de Dios la reconstrucción del templo?

__________________________________________

__________________________________________

__________________________________________

__________________________________________

__________________________________________

# Un hecho
# probado históricamente

**Somos, en cierta forma,** un producto de nuestra época y lo que ella ha recibido. Vivimos influenciados y seducidos por el pensamiento y el sentimiento de una época confusa e incierta. Esta época es tensa y al mismo tiempo distendida; violenta, pero en ocasiones pacífica; poco estética, pero con algunos rasgos que la hacen hermosa. Somos parte de una época, como ocurre en todo tiempo, en la cual confluyen dos formas de encarar el mundo: el anhelo por volver al pasado y la angustia por la expectativa del futuro.

El siglo pasado comenzó con el apogeo de la modernidad y el ideal del progreso; el mundo entró al siglo xx lleno de optimismo. Sería el siglo del progreso humano, del orden y del amor. La ciencia abriría fronteras fantásticas, las masas serían educadas, el conocimiento universal terminaría con las barreras entre las naciones; pero todo terminó tristemente en frustración.

Entre la modernidad y la posmodernidad, o modernidad tardía, o modernidad líquida, o como se la quiera llamar, hay dos guerras mundiales, y más de cien millones de muertos. Están un Stalin, un Hitler y los campos de concentración de Auschwitz. El terrible dictador Idi Amín y el caso de Ruanda. Tenemos Hiroshima y Nagasaki. Luego el Muro de Berlín, la Guerra Fría, el agujero en la capa de ozono. Una pseudoguerra contra el terrorismo islámico, dictaduras de todos los tipos y colores filosóficos, políticos, económicos y militares.

La Palabra de Dios no está ajena a nuestros tiempos; ella siempre dice algo oportuno y su voz transversal en la historia se escucha en medio de las grietas que dejan la sequedad de un camino obstinado que se aleja cada vez más de Dios. Hageo es el profeta que habla y cuya voz del cielo corre y fluye, rápidamente, dentro de esas sendas oscuras que nuestra época va dejando en nosotros, cuando dice:

> *Pues así ha dicho Jehová de los ejércitos: Meditad bien sobre vuestros caminos. Sembráis mucho, y recogéis poco; coméis, y no os saciáis; bebéis, y no quedáis satisfechos; os vestís, y no os calentáis; y el que trabaja a jornal recibe su jornal en saco roto* (Hag 1.5–6).

El mundo está cansándose, hastiándose, de la tecnología, de las propuestas científicas y socioeconómicas, de lo que queda del ideal de progreso; está deseando volver a lo simple. El deterioro de la calidad de vida comienza a indignar. Llegamos a la conclusión de que nuestro planeta no consiguió reciclar tantos gases tóxicos, tanta basura y tanta devastación. Y, además, no se ha podido educar a tantos niños que pudieran revertir las estadísticas e informes de educación de los gobiernos más pobres. No se pudo alimentar a los pobres y reducir la brecha económica entre los que más tienen y los que poseen menos. No se pudo dar calidad de vida sin profundizar el endeudamiento crónico. Este sistema está fracasando, como tantos otros sistemas a lo largo de la historia que pretendieron dar una solución a los problemas que aquejan a la humanidad, sin meditar significativamente en el camino tomado de idolatría, autosuficiencia y desprecio a la acción divina sobre la naturaleza.

Al decirnos *siembran mucho y recogen poco*, Hageo nos hace ver que sin un proyecto justo para el futuro, nos quedaremos estancados en la insatisfacción. El texto del profeta nos recuerda que para que el mundo tenga un proyecto claro para el futuro, y para que nosotros podamos ser partícipes y beneficiarios de ese proyecto, debemos considerar que históricamente la humanidad, y principalmente el pueblo de Dios, necesita aprender del pasado, para —de una vez por todas— no cometer los mismos errores de los que nos antecedieron. De la misma forma, nos invita a considerar que las inversiones equivocadas y las prioridades alteradas, producen resultados insatisfactorios permanentes.

## Necesitamos aprender del pasado para no caer en los mismos errores

*Pues así ha dicho Jehová de los ejércitos: Meditad bien sobre vuestros caminos* (Hag 1.5).

A manera de resumen: en el 586 a. C., los babilonios saquearon Jerusalén, destruyeron el templo y llevaron a la mayoría de los judíos al exilio. Cerca de cincuenta años más tarde, Ciro El Grande, el rey persa, conquistó la ciudad de Babilonia y condujo al Imperio babilónico a su fin. Dos años después, en el 538 a. C., Ciro permitió que los judíos regresaran a su patria y reconstruyeran el templo en Jerusalén.

Hageo y Zacarías fueron enviados por Dios para ayudar, con el apoyo de la decisión de Ciro, en la reconstrucción del templo. El mensaje del profeta nos revela que Dios estaba preocupado con este proyecto. Algo había pasado con la reconstrucción del templo: la obra se había paralizado. El pueblo, junto con los líderes políticos y religiosos, estaban desanimados de continuar con la tarea; se acomodaron a los cuestionamientos y a la oposición. En definitiva, habían perdido la capacidad de soñar, de mirar el futuro con pasión.

El problema de una parte del pueblo que retornó era que no había valorado el proceso de aprendizaje que en el cautiverio y el exilio el Señor había hecho experimentar a sus padres, un proceso que estaba terminando en la experiencia triste de desconfiar de Dios y la consecuente irreverencia, que lo alejaba de la verdadera espiritualidad centrada en las promesas del pacto de Dios con su pueblo. Por alguna razón, no entendían que no se trataba solo del edificio, sino, sobre todo, de su relación con Dios. Ni los hijos ni sus padres lograron comprender a cabalidad lo que significaba ese templo para Dios.

El profeta habla primero de la "casa de Jehová" y luego del "templo de Jehová", de un simple edificio a un santuario.[1] Era como si los ojos del pueblo estuvieran cegados al hecho de que el templo simboliza la gloria universal de Dios que se manifestaba en especial para ellos; por eso les habla como el Señor del universo.[2]

Ellos vivían el presente y, de hecho, esa era una actitud que parecería ser legitimada por Jesús en su famosa frase: "no te afanes por el día de mañana"[3]. Pero la despreocupación por el reino de Dios y su justicia en el pasado hace que Jesús enseñe sobre la realidad del presente como resultado del

---

[1]  Ver: casa (Hag 1.2, 4, 9, 14; 2.3, 9) y templo (Hag 2.15, 2.18).

[2]  Literalmente: Jehová de los ejércitos. Se usa unas diez veces (Hag 1.2, 5, 7; 2.6, 8, 9, 11, 23).

[3]  Mateo 6.33–34.

pasado e invita a mirar el futuro sin evadirlo. Esto significa que debemos vivir el presente, y ver nuestra existencia considerando el pasado, la historia, y dejar confiados el futuro a Dios. Esto no sucedía en la situación en la que estaba el pueblo de Dios: ellos vivían el presente sin rescatar su hermosa historia y las bendiciones del pasado, y sin visualizar un proyecto divino para el futuro. La posibilidad de realizar sus sueños en el destierro cedió ante la tentación de un abundante pero efímero presente. La capacidad de soñar se esfumó, dando pie a la caída de un ideal glorioso.

Una de las mayores tragedias de nuestros días es la falencia de sueños e ideales. La tarea de reconstruir nuestros ideales parece tan grande, tan difícil, que nos abandonamos en una especie de apatía, de resignación, de letargo espiritual y existencial. Hemos perdido la capacidad de soñar. Hoy vivimos el hedonismo, el placer como fin supremo y filosofía portátil. Estamos inmersos en medio de un inmediatismo patológico. Deseamos y nos incitan a ser felices ¡ya!, nos dicen que "lo merecemos". Sólo cuenta lo que vivo ¡aquí y ahora! Y así, intentamos vivir sin raigambres, sin grandes relatos. No cuentan los nobles ideales de nuestros antepasados, y el único anhelo que soñamos cumplir es el de tener "nuestro metro cuadrado feliz". Nos olvidamos de la construcción de una sociedad mejor en el futuro. Y ese, entre otros, fue el problema del pueblo de Dios.

El profeta Hageo nos invita a rescatar los ideales que cedieron paso al inmediatismo y al entusiasmo del retorno. Nos invita a "reconsiderar nuestros caminos", los que hemos comenzado a recorrer sin ideales. Es un desafío ir al rescate de los sueños olvidados, el reconocimiento de nuestros propios errores y los de los otros; detenernos a reflexionar en lo que pudo ser mejor, y lo que puede ser glorioso ahora. La invitación del profeta es para cambiar de dirección, para cambiar de mentalidad frente a la vida, y no perder la capacidad de soñar con un futuro mejor, teniendo como base el retorno a los caminos trazados eternamente por Dios para su pueblo.

Cualquier tipo de conformismo frente a este desafío debe ser confrontado con quien nos hace la invitación. No es casual que Hageo, una vez más, utilice el nombre de *Jehová de los ejércitos*, un nombre que generaba el mayor temor y reverencia en los judíos, que incluía la connotación de Señor del universo. Era el nombre que da cuenta del poder y la soberanía de Dios frente a todo y a todos, al dueño de la historia y de las naciones, y a quien nada ni nadie le puede hacer frente.

## Inversiones equivocadas producen resultados insatisfactorios

> *Sembráis mucho, y recogéis poco; coméis, y no os saciáis; bebéis, y no quedáis satisfechos; os vestís, y no os calentáis; y el que trabaja a jornal recibe su jornal en saco roto* (Hag 1.6).

El profeta utiliza cinco situaciones en las que se invierte para satisfacer las necesidades básicas de la economía: la siembra, la alimentación, el agua, el vestido y el trabajo, pero todas con resultados desastrosos. Para Dios el tema de las prioridades es demasiado importante; lo considera vital para la reconstrucción de los ideales, para un proyecto claro de desarrollo de nuestra espiritualidad.

En el caso del pueblo de Dios, la causa de la paralización de la reconstrucción del templo no era la falta de recursos, sino la ausencia de definición de la prioridad. El pueblo de Dios invirtió sus recursos, su tiempo y su entusiasmo en lo que no era prioritario. Se dedicaron a abastecer sus despensas, a adornar los salones de sus mansiones, pero abandonaron la reconstrucción del templo, la restauración formal del culto, del retorno de los utensilios a su lugar, símbolos sagrados de la revelación de Dios en su historia.

El profeta nos invita a relacionar nuestra religiosidad y la vida espiritual. Descuidar el templo sería equivalente, ahora, a descuidar nuestra relación con Dios, con nuestro prójimo y con nosotros mismos.[4] Siempre que descuidamos nuestra espiritualidad surgen excusas válidas, pero contradictorias, porque confesamos amar a Dios sobre todas las cosas. La inversión o dedicación en nuestros proyectos puede terminar siendo algo egoísta y desastroso. Arriesgamos e invertimos para tener mucho, pero conseguimos resultados insignificantes, seguimos encontrándonos con la frustración y la idea de que algo no estamos haciendo bien.

El libro de Hageo representa para nosotros, como pueblo de Dios, la posibilidad de autoevaluar nuestro cristianismo. El Señor, por medio del profeta, nos insiste en hacer un alto en nuestra acelerada rutina para meditar y darnos cuenta de la maquinaria que acelera nuestra forma de ver la vida y que tiene como combustible la insatisfacción.

La insatisfacción existencial es pieza fundante de nuestra época. El ser humano de esta época es más psicológico que religioso. Piensa más en la expansión de su mente que en la salvación de su alma. La teología del pecado no es compatible con esta época, porque es culpabilizadora, mientras que la psicológica es liberadora. Al hombre de esta época le interesa el placer sin fronteras, no una conciencia

---

4  Santiago 1.26–27.

vigilante; es por eso que busca credos "menos colectivos" y "más personalizados", una espiritualidad más individualista. En el aspecto religioso, no ve necesaria la experiencia de estar involucrado en una comunidad de fe, al menos en relación con el espacio y tiempo de adoración. El mundo no está satisfecho, se siente solo, abandonado, retraído a un celular y a una red, que en el fondo le muestran su desajuste: quiere estar comunicado y ser parte de algo, pero no ha logrado dejar de ser impersonal.

El pueblo de Dios, hoy manifiesto en la iglesia, tiene, al parecer, un problema de descontento generalizado, debido a un problema de prioridades, en relación con su inversión de tiempo, dinero y entusiasmo. Lo que sucede es que toda inversión que no esté enfocada en la gloria de Dios siempre será insatisfactoria. Por lo tanto, debemos meditar bien en nuestros caminos, en qué estamos invirtiendo y qué resultados estamos obteniendo. Es imprescindible que estemos atentos a los tiempos oportunos que Dios nos concede y al uso de los recursos que nos provee. Es necesario que meditemos, que reflexionemos, que nos volvamos a alegrar, a tener sueños, que deseemos ver el retorno como una oportunidad para actuar en forma diferente a la de nuestra historia.

## NOTAS:

_______________________________________________

_______________________________________________

_______________________________________________

_______________________________________________

_______________________________________________

_______________________________________________

_______________________________________________

## PREGUNTAS PARA LA REFLEXIÓN:

1. *¿Por qué es importante revisar y valorar los procesos de aprendizaje espiritual que experimentaron los que estuvieron antes que nosotros?*

_______________________________________________

_______________________________________________

_______________________________________________

_______________________________________________

_______________________________________________

2. *¿Cuáles son los peligros de vivir el presente sin el retrovisor de nuestras experiencias pasadas?*

_______________________________________________

_______________________________________________

_______________________________________________

_______________________________________________

_______________________________________________

3. *¿Cuál es la invitación de Dios cuando nos dice que debemos "considerar nuestros caminos"?*

_______________________________________________

_______________________________________________

_______________________________________________

_______________________________________________

_______________________________________________

_______________________________________________

4. *La paralización de los trabajos de reconstrucción del templo no se producía por la falta de recursos, sino por la carencia de definición de prioridades. ¿Por qué es fundamental definir prioridades en nuestra relación con Dios?*

_______________________________________________

_______________________________________________

_______________________________________________

_______________________________________________

_______________________________________________

5. *¿Cuál es la relación entre "prioridades" e "insatisfacción"?*

_______________________________________________

_______________________________________________

_______________________________________________

_______________________________________________

_______________________________________________

# Para vivir satisfactoriamente

**En el capítulo anterior** fuimos invitados a meditar sobre la forma en que estamos viviendo. En este capítulo se insiste en hacer un ejercicio de meditación. Vamos a reflexionar sobre el sistema sociocultural y económico en el que nos encontramos. Estamos tan enredados en esta realidad que encontramos impensable otra forma de vivir en sociedad. Nos hemos acostumbrado a las deudas, a la extrema pobreza, a las injusticias, a las políticas de exclusión, a tener que pagar sumas absurdas por salud y educación.

Rara vez somos conscientes de que en la Biblia la voz profética es el medio por el cual Dios nos habla fuerte y claro sobre la necesidad de un cambio en la mentalidad cultural y social de nuestra época. Casi siempre esta visión del cambio profundo es vista por algunos como "fanatismo". Ahora la pregunta es si nosotros, en lo personal, lejos de cualquier fanatismo, creemos que la forma en la que llevamos nuestra vida en sociedad le hace justicia a nuestro Dios.

Hageo nos confronta con esta realidad, y nos invita a darnos cuenta, a sospechar, que algo anda mal, que algo no encaja, pues hacemos de todo, vivimos intensamente y, sin embargo, sentimos que algo nos falta, y terminamos incrementando nuestro consumo. Esto no es sólo un mal de nuestra época, pues una buena parte de las Escrituras insiste en que volvamos a las condiciones de vida del pueblo de Dios, en las que movido por la promesa caminaba hacia el ideal del jubileo.[1] Se esperaba un tiempo en que se practicaría la paz y la justicia establecidas por la ética social propuesta por Dios, libremente, sin el encasillamiento de un sistema religioso ajeno al esplendor de la gloria de Dios. Podemos decir que Hageo es la voz profética para la recuperación de estos ideales.

# Necesitamos escuchar al Dios de la historia

*Pues así ha dicho Jehová de los ejércitos* (Hag 1.5a).

Hageo era un profeta lleno de osadía que confrontaba al poder político de su época sin dobleces, sin complejos. Sólo tenía la convicción de que hablaba de parte de Dios. El profeta insistió en convencer al pueblo de Dios de la necesidad de un cambio profundo en su forma de encarar la vida tras el retorno del exilio. Ofrecía una visión de la realidad contraria a la de los centros religiosos que legitimaban y santificaban una teología nacionalista; cuestionaba el liderazgo poseedor de una pseudoespiritualidad que creía que Dios los bendeciría de todas formas, tarde o temprano. Se había desarrollado la idea de haber domesticado a Dios. Se creía que Él soportaría su forma de vivir, sea cual fuere, hasta incluso que lo aceptaría con resignación.

Él es el Señor del universo, *Jehová de los ejércitos*. Este nombre para el ser siempre existente es quizá el más admirable y glorioso de todos los nombres divinos, y nos

---

[1] Levítico 25; Hageo 2.7; Lucas 4.18–21.

recuerda el pleno control y señorío que Dios tiene sobre el universo entero. Un hermoso ejemplo de esto lo vemos en Salmo 24.9, 10; el salmista dice: *¡Alzad, puertas, vuestras cabezas! ¡Alzaos vosotras, puertas eternas, y entrará el Rey de gloria! ¿Quién es este Rey de gloria? ¡Es Jehová de los ejércitos! ¡Él es el Rey de gloria!* Este título relaciona la realidad con lo divino. No es posible andar por caminos de injusticia socioeconómica sin meditar; es como caminar dando la espalda a Dios, sin conciencia de la gloria de Jehová en nuestra historia; y teniendo como resultado y responsabilidad estar "sembrando y recogiendo poco". La gloria de Dios, el peso y realidad de su presencia llena toda la tierra. Los reinos de este mundo pasan, las naciones poderosas caen, los sistemas de este mundo sucumben delante del reino triunfante del *Señor de los ejércitos*, el Dios del universo, de la eternidad.

Nuestra religión y nuestra teología deben detenerse, tomar su tiempo para meditar. Dios actúa libremente, sin encasillamientos o condicionamientos de ningún sistema social ni económico. Lo habían visto actuar en Babilonia y ahora debían verlo actuar nuevamente entre y desde su pueblo, en el que mostrará una manifestación especial de su gloria, la cual sobrepasará cualquier tradición que quiera encasillarla. Él tiene algo para decir por medio de sus profetas; debemos escuchar al *Señor de los ejércitos*.

## Necesitamos cambiar la mentalidad personal

*Meditad bien sobre vuestros caminos* (Hag 1.5b).

Debemos ser claros como pueblo de Dios; "meditar en nuestros caminos" es un llamado a la congregación, a mirar la diversidad de caminos por los que ha andado históricamente. El plural "caminos" permite mirar diferentes áreas de la vida congregacional. De esta manera, no podemos encasillar a Dios en una sola área.

Recordemos un poco el contexto. Cincuenta mil judíos habían regresado del exilio; su misión era reconstruir su ciudad, pero, principalmente, el templo del Señor. Su interés primordial no estaba en el edificio. Lo que pasaba era que tiempos atrás en él se manifestaba la presencia de Dios, por lo cual se había convertido en un símbolo de una relación espiritual especial con el Señor del universo, y el punto de partida de la vida cotidiana que lo glorifica. Por ello, si abandonaban su interés en el templo, también abandonaban su relación con Dios. El templo, como símbolo de la santidad de Dios, no les trajo automáticamente el cambio de actitud. La interpretación de su retorno no fue inmediata. Al final lo vieron más como un acto político; lo religioso y la espiritualidad eran apenas una formalidad. Aunque se había intercedido ante Dios para que el rey aceptara el retorno, esto se tomó a la ligera; retornar era lo importante, lo demás se vería después. Sin embargo, Dios tenía un propósito en esta liberación. Le dice al profeta: "Quiero que ustedes reconstruyan el templo, pero antes que se ponga el cimiento, se debe meditar en algo que es esencial".

La convocación a meditar es para volverse del camino equivocado, a la necesidad de conversión, de cambio de mentalidad. La meditación es algo que el cristianismo no ha conservado lo suficiente. Detenerse, abandonar, definirse, es el sentido del texto. Muestra la necesidad de escuchar al Señor. La invitación a meditar es puntual. Es una invitación a realizar un cambio integral y de entrega en obediencia a Dios, un cambio de mentalidad para darle sentido a nuestra existencia, girando nuestra realidad hacia la voluntad de Dios. Meditar es una práctica que ha sido dejada de lado y reducida por el pueblo de Dios a la oración, a hablarle a Dios, sin intención de oírle. Pero la conversión no se trata sólo de una entrega y una aceptación en el sentido discursivo, aunque forme parte del proceso. Se trata de que Dios transforme nuestras circunstancias por la obediencia. Hablar de conversión es considerar que esta acción sobrenatural es un proceso que se confirma a través de los caminos que tomamos.

Con esta invitación Dios está convocando abiertamente a su pueblo a ser parte de un cambio radical en la espiritualidad y la cotidianidad, para encontrar complacencia y sentido en su reinserción. El cambio de mentalidad frente a la vida permitirá a los judíos sobrevivir a los cambios que se venían dando en el mundo de entonces. Edificar el templo, lo que hacía visible su pertenencia como pueblo especial, lo que los reunía como comunidad del pacto divino realizado por el Señor del universo, haría de ellos un pueblo sin necesidad de monarcas, Jehová reinaría entre ellos para siempre; era su gran deseo y el camino que aún no habían iniciado. El profeta los convoca a considerar y tomar una decisión con respecto a sus caminos y darse cuenta de que no hay posibilidad de sobrevivir fuera de una clara relación con aquel que se muestra en la historia como Señor de los ejércitos, Soberano, Rey de reyes y Señor de señores.[2]

Fue una invitación a la autoevaluación y a la autocrítica. El pueblo debía, fácilmente, evaluar la naturaleza de sus actos mediante los resultados que obtenía.

---

[2]  1 Timoteo 6.15.

# Necesitamos reconocer el círculo de insatisfacción

*Sembráis mucho, y recogéis poco; coméis, y no os saciáis; bebéis, y no quedáis satisfechos; os vestís, y no os calentáis; y el que trabaja a jornal recibe su jornal en saco roto* (Hag 1.6).

Es posible que esta sea la frase más desestabilizadora del primer capítulo del libro del profeta Hageo. No sólo por la dureza de sus palabras, sino por lo acertadas que son. La forma de vivir nuestra espiritualidad nos muestra esta realidad y tenemos que reconocer que hay un círculo vicioso de insatisfacción que vive nuestra sociedad, el cual se ha introducido en la Iglesia como un virus en el sistema, y nos hace partícipes y hasta promotores directos o indirectos.

Al leer estas líneas nos parecerá una historia muy conocida lo que se escuchaba decir al profeta del pueblo de Dios: sembraba mucho y recogía poco, comían y no se saciaban, bebían y quedaban con sed, se vestían pero no se sentían abrigados, y aún peor, trabajaban y lo que ganaban lo perdían inexplicablemente. Parece ser el relato de lo que vive el ciudadano común hoy, que casi no tiene nada, sólo dinero plástico, tarjetas y deudas, pero insiste en pensar y sentirse camino a la realización. Lo triste es que parece no darse cuenta de que está en un círculo de insatisfacción.

En esta cultura inmediatista e irreflexiva no se ve una salida viable o creíble hacia un futuro diferente del presente en que vivimos. Pero Jehová de los ejércitos nos está llamando a echar el hombro a una reflexión comprometida con las buenas noticias de su reino; a considerar, sobre todo, una reflexión comprometida con la obra salvífica del Dios Todopoderoso.

Es posible que el mensaje de Hageo sea oportuno para muchos cristianos que se encuentren tan enredados y comprometidos con esta realidad que les resulte prácticamente impensable cualquier otra. El profeta invita a impedir que la realidad presente se entronice y usurpe el lugar que le corresponde a la justicia. Nos emplaza a buscar que el futuro prometido —demorado, por cierto—, no resulte inconcebible; el reino de Dios, como fue anunciado, es posible.

En el contexto del libro del profeta Hageo, el pueblo de Dios estaba preocupado por construir, pero para él mismo, no para Dios. A la gente, aparentemente, no le importaba si el Señor vivía entre ellos o no, y su economía familiar reflejaba la calidad de su espiritualidad. La forma en la que manejamos y administramos nuestras finanzas y recursos habla mucho de la manera en la que nos relacionamos con Dios; dice mucho de nuestra espiritualidad. Si reconstruimos la forma en la que nos relacionamos con Dios, experimentaremos la redención de nuestra economía. Debemos escuchar al Dios de la historia que actúa libremente en el universo, sin estar encasillado en sistemas religiosos y económicos. Debemos cambiar nuestra mentalidad para enfrentar la vida; en primer lugar, hay que tomar la decisión de convertirnos al Señor, antes de reconstruir y colocar los cimientos de una relación con Él. Luego, tenemos que reconocer el círculo vicioso de insatisfacción en el que nos encontramos como sociedad y del que somos culpables directa o indirectamente.

# Notas:

___________________________________________

___________________________________________

___________________________________________

___________________________________________

___________________________________________

___________________________________________

___________________________________________

___________________________________________

# Preguntas para la reflexión:

1. *¿En qué se evidencia que la forma que llevamos nuestra sociedad no le hace justicia a nuestro Dios?*

___________________________________________

___________________________________________

___________________________________________

___________________________________________

2. *¿Cuáles son las implicaciones del uso del nombre Jehová de los ejércitos por parte del profeta?*

___________________________________________

___________________________________________

___________________________________________

___________________________________________

3. *¿Qué nos impide "meditar en nuestros caminos" para hacer una autoevaluación y autocrítica de nuestra espiritualidad?*

______________________________________________

______________________________________________

______________________________________________

______________________________________________

______________________________________________

______________________________________________

4. *¿Cuál es el círculo de insatisfacción que se evidencia en nuestra realidad eclesial, familiar y personal?*

______________________________________________

______________________________________________

______________________________________________

______________________________________________

5. *Si la forma de manejar y administrar nuestras finanzas dice mucho de nuestra espiritualidad ¿Hacia qué decisión nos está llevando el mensaje de Hageo?*

______________________________________________

______________________________________________

______________________________________________

______________________________________________

______________________________________________

# El día después...

**El pueblo de Dios** había pasado uno de los peores momentos de su historia con el cautiverio babilónico. Habían pasado alrededor de cinco décadas desde que Dios permitiera a Ciro el Grande invadir Babilonia y después cambiar la política exterior del imperio, en la que fuera posible la liberación de su pueblo. Parte de los desterrados regresaron con la misión de reconstruir su tierra, principalmente el templo. Algunos habían envejecido y otros habían salido de muy niños y recordaban muy poco de la tierra a la que retornaban.

La historia del pueblo de Dios es una historia de avances y retrocesos, pero siempre se aprendía del pasado y se retrocedía menos. Es también una historia de cambios por la destrucción y reconstrucción.[1] Sin embargo, en el libro de Hageo, la visión de la historia en el pueblo de Dios, tras el exilio, se había tornado pesimista. Dios les estaba dando la oportunidad de reconstruir, de rehacer sus vidas en su propia tierra, pero ellos demostraban poco optimismo. El profeta Hageo es el portavoz del Señor que llama a reconsiderar las opciones y prioridades del pueblo de Dios.

---

[1] Jeremías 1.10.

Él manifiesta de diversas formas que su voluntad es otra, que las casas pueden ser necesarias y hermosas, pero que la suya no puede estar vacía. La razón del infortunio se torna evidente. La oportunidad de nuevos tiempos que plantea Dios parece no ser atractiva. Hageo afirma que es porque tienen un vacío de lo sagrado, una ausencia preocupante en lo central de la fe; en consecuencia, giraban en torno a lo propio, a los espacios en los que se refugiaban.[2]

## Humildad y reconocerle a Él

*Así ha dicho Jehová de los ejércitos: Meditad sobre vuestros caminos* (Hag 1.7).

Nuevamente, les dice que hagan el ejercicio de la reflexión, pero esta vez, tomando en cuenta el llamado de atención anterior y dejándolos prácticamente desnudos y en un camino sin salida. El siguiente llamado a meditar será "meditad en vuestros corazones"[3]. Este llamado es un desafío para hacer teología desde la observación del lugar en el que estamos transitando, lo cual nos llevará a examinar los sentimientos que encontremos en nosotros sobre la realidad, y hará que nos preguntemos: ¿por qué Dios permite el sufrimiento que nos rodea? Comúnmente la gente hace este ejercicio y se pregunta si Dios es el responsable de todo lo perjudicial que sucede. Pero el foco de esta reflexión no debería estar centrado en la responsabilidad de Dios. El dilema no es si Dios es el responsable, sino lo que nos llevó a todos nosotros a semejante situación; cuáles son las razones que explican

---

2  Hageo 1.9.

3  Hageo 2.18.

no solamente el camino tortuoso que recorremos, sino cuáles son los valores que nos llevaron a tomar decisiones tan equivocadas, que terminaron finalmente por dejar "la casa de Jehová en ruinas" (v. 4).

No sabemos exactamente la situación puntual en la que debían meditar, aunque, al parecer, Dios quería que levantaran la cabeza y miraran a su alrededor. La suntuosidad de las construcciones durante el reinado del rey Salomón había creado un estilo, el cual era un signo de ser bendecido. De hecho, no hay información de cuántas viviendas particulares fueron decoradas lujosamente, pero sí se nos dice algo del estilo lujoso que mostraban los acabados.[4] Es posible que Zorobabel y Josué hubieran estado viviendo, también, en mansiones y el pueblo en su mayoría, "el pueblo de la tierra"[5], continuara en la pobreza extrema. Ellos eran los que más sufrían por las sequías, las malas cosechas, la escasez de alimentos y la inflación, por la insensibilidad de los que habían retornado. Es posible que, en el fondo, estos supieran de esta realidad y no veían o concebían cómo la reconstrucción del templo ayudaría a resolverla. No entendían que Dios estaba también usando a la naturaleza para restaurar en su pueblo la conciencia de la gloria de su presencia en la historia.

Hageo les muestra que sus sufrimientos eran señales de la preocupación de Dios porque no se había priorizado la reconstrucción del templo. La teología de Hageo actualiza lo establecido por Dios para interpretar los resultados de la relación con Él, la promesa de bendición y la advertencia de la maldición, que conocemos como teología del pacto.[6] En

---

4 Hageo 1.4.
5 Nehemías 1.3; 2 Reyes 24.14.
6 Levítico 26; Deuteronomio 28, 28.38; 8.10.

concreto, las malas cosechas, la insuficiencia de alimentos y la falta de vestimenta adecuada fueron para el profeta bíblico, el resultado de no mantener el pacto.

Esta situación debía llevarlos a la humildad de reconocer que la vida está siempre siendo guiada por el Señor del universo. Cuando en la búsqueda y el inicio del retorno oraron y comenzaron nuevamente a confiar en Dios, y luego cuando consiguieron volver, recordaron seguramente las desgracias pasadas. Era el momento en que debían abandonar la autosuficiencia para comenzar a depender de Dios otra vez. La nueva situación espiritual los llamaba a desestructurar la forma en la que habían comenzado a cubrir sus necesidades básicas, en relación con la vivienda, la alimentación, el vestido, la seguridad, y también en relación a la productividad.[7] Se les movió el piso en todos los sentidos imaginables. Las adversidades fueron extremadamente duras desde el punto de vista material y humano, y desde el punto de vista moral y espiritual.

## Reconstrucción y glorificarle a Él

> *Subid al monte, y traed madera, y reedificad la casa; y pondré en ella mi voluntad, y seré glorificado, ha dicho Jehová* (Hag 1.8).

Entonces, el profeta los desafía con una tarea concreta para revertir la situación. La orden directa para reconstruir es la antítesis clara a la fórmula de aquellos que aun insistían que el tiempo para la reconstrucción aún no había llegado (v. 2).

---

[7]  Hageo 1.11.

El profeta establece este contraste dejando magistralmente entre la espada y la pared a sus interlocutores. Mediten en cuál es mi voluntad, dice Jehová, que se refugien en sus casas endebles o se refugian en mí, el Señor de los ejércitos.

La solución era simple. Ellos debían tomar en serio sus fracasos del pasado, y considerar el remedio, se había anunciado de manera práctica un tiempo de cambio de dirección, de una conversión clara que les llevaba a una relación de obediencia con Dios. El templo de Salomón se había construido con maderas del Líbano,[8] por lo que "subir a la montaña" era ir más allá del monte Moriah, que estaba cerca de Jerusalén. Era ir al otro lado del Jordán, a los bosques del Líbano, hacia la madera que ellos habían aprendido a talar y trabajar. Esto representaba una nueva oportunidad divina de parte de Dios, porque la reconstrucción sería especial, superior a lo que habían hecho en sus casas. El punto es que esta orden implicaba hacer suya la promesa de provisión divina. Si estaban dispuestos a reconstruir la casa de Dios, Él estaba dispuesto a proveerles todo lo que ellos necesitaban.

La situación en la que se encontraban podría suponer el inicio de una reconstrucción eficaz que llevara al pueblo de Dios a un futuro próspero y bendecido por Dios, o abrir la senda de una pronunciada decadencia. Pero eso iba a depender de cómo ordenaran sus prioridades, que ya habían sido señaladas claramente por el Señor: lo primero y lo principal era que Él debía ser glorificado.

Si el pueblo de Dios lograba percibir que la orden de subir a buscar madera y comenzar la reconstrucción era una gran oportunidad para restablecer y recomenzar su relación

---

8   2 Crónicas 2.8-10.

reverente con Dios; entonces el cumplimiento implicaría una reacción divina de placer por estar en conformidad con la mente y la voluntad de Dios sobre el ser humano, en especial para su pueblo.[9]

El logro de su propia voluntad y propósito en la reconstrucción del templo significaría, para ese tiempo, el restablecimiento de la centralidad de su gloria en la nación.

## Evaluar y depender de Él

*Buscáis mucho, y halláis poco; y encerráis en casa, y yo lo disiparé en un soplo. ¿Por qué? dice Jehová de los ejércitos. Por cuanto mi casa está desierta, y cada uno de vosotros corre a su propia casa. Por eso se detuvo de los cielos sobre vosotros la lluvia, y la tierra detuvo sus frutos. Y llamé la sequía sobre esta tierra, y sobre los montes, sobre el trigo, sobre el vino, sobre el aceite, sobre todo lo que la tierra produce, sobre los hombres y sobre las bestias, y sobre todo trabajo de manos* (Hag 1.9–11).

La condición en la que estaba el pueblo era deprimente, aunque sus casas representaran lo contrario. Sus corazones se encontraban en la vereda del frente de la humildad. El orgullo y la búsqueda de ganancia mal habida son evidentes y groseros delante de Dios. Quien está satisfecho no busca más de lo que necesita, pues espera lo justo. Aquellos que han comprendido, en el exilio, lo duro que ha sido la vida y el sustento y la provisión de Dios en los momentos

---

9  Salmos 147.10–11; 149.4.

más difíciles, no buscarán más de lo que la providencia misericordiosa de Dios les puede brindar. Pero el profeta se indigna al ver al pueblo esperar más de lo que necesita, buscar codiciosamente y echar mano de las cosas en todos los lados para terminar tristemente frustrados con muy poco.

La indignación del profeta es aún mayor al relatar una segunda maldad. Toda la autosuficiencia alimentada por su codicia conseguía reunir desmedidamente, lo que se guardaba con llave en su casa para conservarlos de manera segura. De esta manera, los que habían llenado sus almacenes y bodegas de vino y alimentos, pensaban que ya no tenían más que ver con Dios. Esto nos recuerda al episodio triste del maná en el desierto, que fue la más fea caricatura, el peor retrato de la falta de confianza del pueblo de Dios en el carácter de Su Dios. Pero Él no se queda impasible frente a este desprecio, sino que habla aún más claramente y les explica con dureza lo que les pasó. El Señor se hace responsable de sus desgracias, y reconoce sin máscaras lo que hizo con todo lo que habían guardado: "Yo lo hice desaparecer con un soplo", les dice. Y, como lo hace un padre, luego de reprender al hijo, le explica el motivo de su disciplina: "porque mi casa está desierta", no hay otra razón. La vara del furor de Jehová no está guiada por un impulso ciego; el solo hecho de que la levante nos debería llevar a considerar nuestros errores.

El Señor explica su disciplina con detalle (vv. 10, 11), como quien fuese a apaciguar el llanto acongojado de sus hijos. Pero la comprensión racional del día después y la acción de Su Espíritu, le permite al pueblo tomar otra actitud, cambiar de mentalidad.

La evaluación consciente y honesta de nuestra negligencia al considerar la necedad explícita en nuestras decisiones en el pasado, nos impulsa a reconstruir y depender del Señor de los ejércitos que tiene el poder de revertir la sequía sobre todo lo que la tierra produce, y prosperar todo trabajo de nuestras manos.

## NOTAS:

______________________________________

______________________________________

______________________________________

______________________________________

______________________________________

______________________________________

______________________________________

______________________________________

## PREGUNTAS PARA LA REFLEXIÓN:

*1. ¿Por qué Dios permite el sufrimiento en el que nos encontramos?*

______________________________________

______________________________________

______________________________________

______________________________________

*2. ¿En qué medida nuestros fracasos pueden representar una nueva oportunidad de parte de Dios?*

______________________________________

______________________________________

______________________________________

______________________________________

3. *¿De qué manera esta sociedad alimenta nuestras búsquedas hacia la abundancia y no hacia la satisfacción?*

__________________________________________

__________________________________________

__________________________________________

__________________________________________

__________________________________________

4. *¿Cómo podemos revertir esta realidad desde la espiritualidad cristiana?*

__________________________________________

__________________________________________

__________________________________________

__________________________________________

__________________________________________

5. *¿De qué se alimenta la autosuficiencia? ¿Qué dice Dios con respecto a esto?*

__________________________________________

__________________________________________

__________________________________________

__________________________________________

__________________________________________

# Cuando respondemos a Dios

**El profeta Hageo no espera** hasta el final de su libro para contarnos el desenlace, tal vez porque no quiere retrasar más su deseo de compartir la alegría de la respuesta del pueblo, y de aquí en adelante nos relata lo que posteriormente sucedió.

Tan solo veintitrés días después del primer mensaje del profeta, los líderes y el pueblo responden activa y positivamente al Señor. Las fuertes palabras previas de Hageo exigían una respuesta decisiva. El pueblo de Dios debía elegir entre resistir al Señor del universo de manera aún más obstinada y librarse de este enojoso profeta; o reconocer su pecado y dedicarse a construir el, largamente esperado, segundo templo. Pasaron veintitrés días, pero también, había pasado, dieciséis años después de haber detenido las obras.

Muy rara vez en la memoria de los mensajes proféticos ha habido una recepción tan sorprendente favorable para un mensaje tan corto. Como pueblo de Dios debemos aprender de nuestros antecesores la respuesta favorable al Señor de los ejércitos, en la que hay bendición especial. En este capítulo veremos algunas de las características de esta respuesta.

# Comienza por el liderazgo

*Y oyó Zorobabel hijo de Salatiel, y Josué hijo de Josadac, sumo sacerdote [...] (Hag 1.12a).*

Zorobabel y Josué, gobernador y sacerdote (el poder civil y el poder religioso), dieron el ejemplo y fueron los primeros en aceptar la Palabra de Dios. Es posible, por lo que indica la construcción del texto, que Zorobabel asumiera el desafío a nivel personal y familiar por ser descendiente de la dinastía davídica.[10] En tanto el texto muestra a Josué como descendiente de una familia sacerdotal. Dos esferas y una sola responsabilidad espiritual y religiosa frente al pueblo. Sin embargo, independientemente de las razones políticas o religiosas, cuando el liderazgo reconstruye primero su relación con Dios, el pueblo también lo hace.

Si no hubiera habido algún dirigente, nadie habría señalado el camino que debía seguir el resto. Sabemos lo que suele ocurrir cuando una palabra se dirige, sin hacer distinciones, a todas las personas: todas esperarán a los otros para tomar la iniciativa. El pueblo se torna como "ovejas sin pastor"[11]. Sin embargo, cuando Zorobabel y Josué acataron las órdenes de Dios que el profeta Hageo les había hecho llegar, la señal fue determinante, no sólo en potencia, sino también en autoridad espiritual, de modo que los otros los siguieron de buena gana para cumplir con su deber, pues la honestidad y la fidelidad de ambos eran bien conocidas, lo cual hacía que la gente siguiera espontáneamente el liderazgo de los dos.

---

[10] Jeremías 22.30. Conías o Jeconías es el último rey de Judá antes del exilio, fue abuelo de Zorobabel.

[11] Marcos 6.34; Mateo 9.36.

La aplicación de la Palabra de Dios dirigida por los líderes es clara. Ellos son responsables de construir ejemplos, modelos de obediencia, en respuesta al Dios soberano. Cuando Dios invita a todos a su servicio, a "la visibilización de su reino" y al "sacerdocio universal"[12], cualquiera que sobresale es sólo por la gracia divina, y su autoridad radica únicamente en su obediencia a Dios misericordioso.

Muchos de los cambios estructurales que nuestras iglesias necesitan se inician en los líderes. La pasión se contagia y aquellos que participan en las iglesias donde ministran dirigentes apasionados por su misión deben descubrir que servir al Señor trae una satisfacción plena en ellos. Si hay pasión y pureza en el liderazgo, los liderados lo anhelarán cuando falte. La respuesta a Dios por parte de la iglesia siempre comienza por el liderazgo. No hay mejor forma de convocar a ser parte del reino que por el amor genuino y apasionado que las personas pueden ver en aquellos que ya participan de él.

## Se manifiesta por la obediencia

*Y oyó […] todo el resto del pueblo, la voz de Jehová su Dios, y las palabras del profeta Hageo, como le había enviado Jehová su Dios […]* (Hag 1.12b).

El pueblo se contagió con la influencia de sus líderes y obedecieron juntos. Al Señor del universo, *Jehová de los ejércitos*, le agradó ello a tal punto que se los demostró mediante las palabras del profeta. Recordemos que había

---

[12] Apocalipsis 1.6, 5.10; 1 Pedro 2.9.

llamado al pueblo de Dios un tanto despectivamente. En el versículo dos le había dicho "este pueblo" y no "mi pueblo", pero ahora lo llama "resto" o "remanente" (1.12, 14), que influyó en toda la nación, la cual también, tras el exilio, experimentó miedo ante Jehová, Señor del universo.

Los profetas Isaías, Miqueas y Sofonías ya habían hablado dentro del pueblo de un humilde, fiel y obediente "remanente" que volvería a ser el pueblo de Jehová. Puesto que estas personas han obedecido la voz del Señor, ahora se llaman "el remanente". Esta palabra era un anuncio maravilloso que significaba que Dios había renovado su promesa de "estar con ellos", como le había manifestado a Moisés.[13]

Este grupo era especial, no cualquier resto; era el resto fiel. Cuando el pueblo vio que sus líderes obedecían la voz de Dios, prontamente también se dispuso a obedecer. No debemos olvidar que la obediencia es la única evidencia de haber escuchado la voz de Dios y sólo después de obedecer podemos decir que hemos escuchado a Dios. La obediencia a su Palabra es lo que Dios más espera de su pueblo, porque fe no es creer a pesar de las evidencias, sino a pesar de las consecuencias. Cuando el pueblo de Dios responde y comienza a obedecerle, demuestra ser el remanente especial de Dios.

Esta obediencia no sólo se manifestó en el pueblo sino también en el profeta, que es vocero de Dios. Hageo es llamado aquí "el enviado" (v. 12)[14] y luego el "mensajero" o "ángel" de Jehová (v. 13). Aquí vemos un refuerzo en la idea de que Hageo era especial, no solamente por tener el oficio de profeta desde muy joven, sino porque fue íntegro al entregar

---

13  Éxodo 3.12; 19.5–6.
14  La versión de los setenta traduce como "apóstol".

el mensaje divino "como le había sido encomendado". Esto constituye un llamado a la valentía y al coraje para los predicadores de nuestro tiempo que desempeñan un papel profético en sus iglesias y ciudades. Todo predicador debe ser boca de Dios, y un vocero tiene que ser íntegro para predicar con valentía y fidelidad la Palabra de Dios, como la envía Jehová, Señor del universo.

## Se manifiesta por la reverencia

> [...] *y temió el pueblo delante de Jehová* (Hag 1.12c).

Hasta este momento el pueblo de Dios no dimensionaba lo valioso que es tener y vivir dentro de una relación con Jehová de los ejércitos. La falta de temor a Dios había llevado al pueblo al cautiverio y los había desviado de la obra. Pero fue precisamente el temor a Jehová lo que lo hizo volver a Él y colocar las manos en su obra. La historia guiada por Dios da un giro cuando el temor se apodera de su pueblo.

Es imposible oír a Dios y prestarle atención sin temerlo. Él fascina y cautiva, pero también produce temor y temblor[15]. De hecho, una de las razones de la apatía y la resignación del pueblo era su falta de temor a Dios, no obstante haber experimentado el exilio. Donde no hay temor a Dios, la vida espiritual es decadente. Esta actitud explica la espiritualidad. El estar y sentirse ante la presencia del Señor fue definitivo, las condiciones cambiaron e hicieron ver una gloria mayor que la que se había visto antes.

---

15 Filipenses 2.12.

Somos parte de una cultura de la irreverencia. Las instituciones se han corrompido. Las autoridades están coaccionadas. La dignidad de la persona se ha devaluado. La idea de temor está ausente en nuestro lenguaje cotidiano. De hecho, hasta tiene un significado peyorativo. Se piensa que el temor es una manifestación de religiosidad primitiva. La cultura decadente nos invita a ser transgresores e irreverentes, a la autonomía, a la anomia, a pretender no rendirle tributos a nadie.

Sin embargo, el temor ante la manifestación de Jehová es señal de humildad, arrepentimiento, dependencia, confianza y obediencia. Los del pueblo de Dios meditaron en sus caminos, colocaron sus corazones en lo que estaban haciendo para darse cuenta de que sin Jehová había insatisfacción irremediable. El temor a Jehová no es la causa, sino la consecuencia de un cambio de mentalidad, de actitud frente a la vida. El pueblo había decidido obedecer a Dios, cambiar de actitud y mostrar temor ante el Señor del universo.

# Notas:

_________________________________________

_________________________________________

_________________________________________

_________________________________________

_________________________________________

_________________________________________

_________________________________________

## Preguntas para la reflexión:

1. *¿Cuánto años pasaron para el reinicio de la reconstrucción del templo desde que pararon las obras y cuantos días desde que el profeta habló de parte de Dios?*

_________________________________________

_________________________________________

_________________________________________

_________________________________________

_________________________________________

2. *¿Cómo evaluamos históricamente la prontitud de nuestra respuesta a la voz de Dios?*

_________________________________________

_________________________________________

_________________________________________

_________________________________________

_________________________________________

3. *¿Por qué es importante la búsqueda de pasión y pureza en el liderazgo?*

4. *¿Cuál es la única evidencia de haber escuchado la voz de Dios? ¿Cómo se relaciona esto con "el resto fiel"?*

5. *¿A qué tipo de actitud religiosa nos ha llevado esta cultura de la irreverencia?*

# Cuando cambiamos de actitud

**Las palabras dichas** por el profeta Hageo habían sido duras y llenas de juicio; por eso la posibilidad de anunciar una buena noticia al pueblo de Dios alegra al profeta.

Estamos tan acostumbrados a púlpitos que concentran sus mensajes sólo en la exhortación que cuando el predicador expone un mensaje más obsequioso y afable nos sorprendemos. Sin embargo, el profeta, como muchos predicadores, ya necesitaba exponer un mensaje más alegre, que anunciara bendición y no solamente advertencia y juicio.

Dios había utilizado al profeta Hageo para dar un mensaje claro al pueblo, invitándolo a reconsiderar sus caminos, arrepentirse y buscar al Señor de los ejércitos. La respuesta del pueblo de Dios fue pronta e inmediata, y su gran característica fue el cambio de actitud y las fuertes palabras del profeta finalmente lo llevó a reconocer su pecado y a concentrase en la construcción del largamente esperado templo.

Una de las cosas que nos llama la atención de Hageo es la participación de este profeta en el proceso de construcción. No sólo era el que recibía el mensaje de Dios y lo entregaba como "mensajero"; también se hizo presente cuando empezó la preparación para reiniciar el trabajo. Cuando el versículo catorce nos dice que "vinieron y trabajaron", el profeta se encuentra en el mismo escenario de labor. Hageo está involucrado con el reinicio del trabajo mismo, la palabra se hace obra y la mayor gloria está cada vez más cerca. Es desafiante para los profetas contemporáneos pensar en un profeta de estas características, que no sea sólo la boca de Dios, sino también sus manos para edificar el reino de Dios.

El cambio de actitud del pueblo de Dios frente al servicio muestra que las cosas comienzan a suceder. Si buscamos primero el reino, bendiciones llegarán.

## El profeta anuncia protección

*Entonces Hageo, enviado de Jehová, habló por mandato de Jehová al pueblo, diciendo: Yo estoy con vosotros, dice Jehová* (Hag 1.13).

El Dios misericordioso, el que ama "a pesar de", despertó el espíritu del pueblo. Ellos recibieron de su misericordia aun siendo responsables por la vergonzosa actitud, la indiferencia al servicio y la falta de fidelidad al abandonar el proyecto divino para el pueblo de Dios.

La relación de Dios con su pueblo se asemeja a un matrimonio. De hecho, la Escritura sagrada utiliza esta metáfora como la mejor representación de esta relación. El matrimonio está lleno de pequeños compromisos que exigen un puntual cumplimiento de cada exigencia. La falla en alguna de sus exigencias exige todo un proceso de reconciliación, pero al final del día es incomparable la alegría de escuchar: "Te amo, a pesar de…, tu sabes que te amo". Si no hay reconciliación, se pueden pasar días con la angustia de la distancia, la frialdad de la indiferencia, y la herida de la ofensa.

El gran problema del pueblo de Dios no era la presencia de sus enemigos, ni el tamaño de sus obstáculos, el problema del pueblo era la "sensación" de la ausencia de Dios. Y eso era precisamente lo que ellos habían conseguido con aquella actitud indiferente a su gloria y mucho más a la ofrecida para el nuevo templo. Pero, al final del día, tan pronto como la voz de Dios sonó en sus oídos y le prestaron atención, entendieron que el Señor los restauraba y se confortaron en lo profundo de su ser, despertaban a la conciencia de su presencia.

Dios les quería asegurar su presencia y protección, al decirles: "Yo estoy con ustedes" (v. 13). Jehová, el siempre existente, que existe por sí mismo, cuyo nombre no se solía pronunciar en Babilonia, ahora, tras el exilio afirma contundentemente: "Yo estoy con vosotros, siempre lo he estado"[16].

La presencia manifiesta de Dios es la más grande necesidad, el mayor refugio, el más fecundo estímulo para hacer frente a cualquier situación en su obra. Si la presencia de Dios está con nosotros, ningún problema podrá detener nuestros pasos. Por eso, el apóstol Pablo proclamaba: "Si Dios está con nosotros, ¿quién contra nosotros?"[17] La presencia de Dios es la mejor realidad que se puede esperar de Él, pues no sólo asegura su protección sino también otras bendiciones.

Moisés se rehusó a proseguir su camino con el pueblo por el desierto sin la presencia de Dios;[18] Josué y Caleb animaron al pueblo a tomar posesión de la tierra prometida,

---

[16] Éxodo 3.17ss. Yo soy el que soy. Apocalipsis 1.8. [Yo soy] el que es y que era y que ha de venir.

[17] Romanos 8.31.

[18] Éxodo 33.15.

diciéndoles que Dios estaba con ellos.[19] Los discípulos de Jesús, antes de ser comisionados a hacer discípulos por el mundo entero, recibieron una poderosa palabra de estímulo: *Yo estoy con ustedes todos los días, hasta el fin del mundo*[20].

# El Señor despierta el espíritu

> *Y despertó Jehová el espíritu de Zorobabel hijo de Salatiel, gobernador de Judá, y el espíritu de Josué hijo de Josadac, sumo sacerdote, y el espíritu de todo el resto del pueblo* [...] (Hag 1.14a).

La promesa no es sólo que el Señor estará a su lado para brindarle protección, sino que también se encontrará en su corazón para animarlo. Dios, al trabajar con nosotros y a través nuestro, despierta nuestro espíritu, nuestro ánimo, nuestro vigor, nuestras competencias y destrezas, nuestra disposición; nos da corazón alegre para servirlo. Dios no quiere ciudadanos del reino que no sirvan con alegría. No desea cristianos que hagan las cosas a regañadientes; no pretende que nadie haga las cosas por obligación. Nuestro Dios quiere colaboradores que sirvan libre y alegremente.

Por eso, a su pueblo querido, su especial tesoro, no sólo le promete estar con él, sino que también le "despierta el espíritu".[21] Esto quiere decir que el Señor provee la capacitación emocional y espiritual, las energías que hacen posible la alegría de servir en su reino. Se trata de una acción divina que nos permite estar motivados para servir, a

---

19 Números 14.9.
20 Mateo 28.20.
21 Éxodo 19.5–6.

la vez que nos capacita para entrar en un proceso en el cual comenzamos a amar lo que hacemos para Él.

La Sagrada Escritura nos dice que despertó el espíritu de los líderes primero, y luego de todo el pueblo. El trabajo era considerable, desafiante, y necesitaba la participación de todos. Necesitamos entender que en el pueblo de Dios somos un equipo de trabajo con diversas funciones. Somos una familia en la cual cada uno desempeña un rol. Somos una compañía de constructores del santuario de Dios en el que cada uno debe trabajar con celo y alegría, porque Dios está reedificando su reino por medio nuestro.

El impacto del avivamiento que se produjo con el despertar del espíritu del pueblo, no sólo quedó en los corazones. Hay una escena a la que tristemente ya estamos mal acostumbrados, y de la que tenemos varias muestras en eventos evangélicos en los que vemos que solo se responde a un llamado de forma meramente emocional. Aquí hay algo mucho más completo, el avivamiento no sólo quedó en los corazones, descendió a las manos. El pueblo se dio cuenta de que el cambio de actitud no sólo era una mera reacción emocional sino la voluntad de servir a Dios de manera completa con entusiasmo y alegría. Por lo tanto, todo avivamiento que Dios produce en su pueblo no se queda en los corazones, desciende a las manos —a nuestras competencias y destrezas—, para beneficio de la mayor la gloria de Dios y la expansión de su reino.

## El pueblo se compromete y se organiza

*[...] y vinieron y trabajaron en la casa de Jehová*
*de los ejércitos, su Dios, en el día veinticuatro*

*del mes sexto, en el segundo año del rey Darío* (Hag 1.14b–15).

Un pueblo que ha sido despertado espiritualmente por Dios sirve comprometido; una congregación que ha experimentado un cambio de actitud trabaja de manera dinámica y proactiva. Cuando Dios despertó el espíritu de los líderes y de los liderados, todos comenzaron a trabajar y se dispusieron a servir. Donde la situación es tal que Dios no entusiasma ni motiva, hay acomodación, conformismo, y cada uno comienza a buscar sólo cuidar su metro cuadrado.

Al oír la voz de Dios, el pueblo se llenó de entusiasmo y todos se pusieron a trabajar identificados con el proyecto en el que estaban. La reedificación del templo se tornó el centro de interés alrededor del cual giraba el pueblo. A tal punto asumieron esta tarea como propia que al obedecer al Señor ellos comenzaron a llamar al Señor como "su Dios" (Elohim). Jehová, además de ser el siempre existente, es también el Todopoderoso, el único ser divino a quien debemos nuestra existencia.

En Babilonia oían de Elohim, para referirse a Jehová que había decidido el cautiverio, pero que siempre estuvo con ellos mostrándose todopoderoso, guiando la historia. Cuando un pueblo sufre no viendo claramente la gloria de Dios y le llega la oportunidad de ser liberado y servir para su gloria se compromete e identifica de manera más concreta con "su Dios", la razón de su existencia. El profeta da fe de esto cuando dice: […] *y vinieron y trabajaron en la casa de Jehová de los ejércitos, su Dios* (v. 14b), revelando que el pueblo ya no estaba alejado del Señor del universo, sino que había reconstruido esta relación de compromiso desde el reconocimiento de su realidad espiritual y la realidad de Dios. Ahora no sólo es el Dios de sus padres, Abraham,

Isaac y Jacob; ahora el Señor del universo es su Dios; había dejado de ser una fe "heredada" y comenzado a ser una fe "asumida" desde la experiencia, porque se han encontrado con Él, su protector y benefactor. Ahora, toda adoración, esfuerzo y prioridad se enfocaban en el santuario, en ese espacio modesto, que será símbolo de la mayor gloria vista en la historia de su pueblo.

Por otro lado, fueron veintitrés días de espera después del primer mensaje del profeta, en que el vocero de Dios los llamó a la conversión y los convocó a construir el templo como símbolo también de su relación con Él. El pueblo comenzó a trabajar, y el motivo de la espera muy probablemente haya sido el periodo de tres semanas de planificación y organización del trabajo que iban a iniciar, de designación de los técnicos competentes que los guiarían, de reunir los materiales y buscar la madera incluso en países extranjeros. Este no era un trabajo cualquiera, sino la edificación del espacio que sería un símbolo de la manifestación de la mayor gloria de Dios, y, como a todo trabajo bien ejecutado, le precedió una buena planificación.

## Notas:

_______________________________________________

_______________________________________________

_______________________________________________

_______________________________________________

_______________________________________________

_______________________________________________

_______________________________________________

_______________________________________________

## Preguntas para la reflexión:

1. *¿Por qué decimos que la relación de Dios con su pueblo se asemeja a un matrimonio?*

_______________________________________________

_______________________________________________

_______________________________________________

_______________________________________________

_______________________________________________

2. *¿Qué representa y produce en nosotros la presencia manifiesta de Dios?*

_______________________________________________

_______________________________________________

_______________________________________________

_______________________________________________

3. *¿Cuál es la relación entre servicio y alegría? ¿Por qué es importante que Dios "despierte nuestro espíritu"?*

4. *¿Qué tipo de impacto se produjo en el avivamiento del pueblo de Dios cuando Dios "despertó su espíritu"?*

5. *¿Qué diferencia encontramos entre una "fe heredada" y una "fe asumida"?*

# La nostalgia y el entusiasmo se entremezclan

**Dios había utilizado** al profeta Hageo para dar un mensaje claro al pueblo, al cual veía desanimado y apático para el servicio. Dios los visita y los despierta hasta que llegan a ser conscientes de su divina presencia y de sus temores ante el Señor del universo. El pueblo de Dios cambió de actitud, y las fuertes palabras de Hageo, que exigían una respuesta decisiva, finalmente los llevó a reconocer su condición espiritual y a enfocarse en la construcción del templo. Dieciséis años después de haber detenido las obras, y veintitrés días luego de la primera profecía, era otro el espíritu del pueblo y sus líderes.

En el capítulo anterior vimos que Dios les mostró la realidad de los resultados de sus esfuerzos: habían fracasado al no enfocarse en construir el nuevo templo, "sembraban mucho y recogían poco", "buscaron mucho y encontraron poco"[22].

En este contexto, los mayores seguían creyendo que "todo lo pasado había sido mejor". No podían dejar de comparar el proyecto del nuevo templo con el de Salomón,

---

[22] Ver Hageo 1.6 y 9.

el primer templo que reemplazó al tabernáculo y que fue destruido el año 587 d. C. por Nabucodonosor II el Grande. La diferencia era visible; la construcción de este segundo templo era mucho más modesta.

Por esto, el propósito del segundo mensaje del profeta Hageo para el pueblo de Dios se hace manifiesto con el siguiente sentido. El profeta debe presentar un mensaje motivador dirigido a todos aquellos que han visto la grandeza del primer templo para animarlos a ser parte de la construcción de algo nuevo en el presente; tienen la promesa de alcanzar una mayor manifestación de la gloria del Señor del universo que la que tuvo el primero.

## Dios habla al pueblo de manera oportuna

*En el mes séptimo, a los veintiún días del mes, vino palabra de Jehová por medio del profeta Hageo, diciendo: Habla ahora a Zorobabel hijo de Salatiel, gobernador de Judá, y a Josué hijo de Josadac, sumo sacerdote, y al resto del pueblo, diciendo* (Hag 2.1–2).

La primera profecía fue entregada el primer día del sexto mes (Hag 1.1). La segunda ocurrió en el día veintiuno del séptimo mes, es decir, en *Tishri*, que, según el Levítico, corresponde a nuestro setiembre en Occidente. Este es el mes en el que se inicia el año nuevo civil. El oráculo es presentado el último día de la Fiesta de las Enramadas, llamada también de los Tabernáculos o Sucot.[23] Esta fiesta era la

---

23 Levítico 23.34–43.

más alegre de los judíos, un feriado religioso, la fiesta de la cosecha en la cual celebraban la provisión de Dios. Durante una semana, en la ciudad de Jerusalén, los judíos habitaban en cabañas, rememorando la historia de la travesía del desierto y celebraban la generosidad de la providencia divina en medio de los desafíos a la fe, antes de entrar a la Tierra Prometida.

El último día que Dios habló era el día de mayor celebración. El anuncio del profeta no podría ser mejor: "la gloria del nuevo templo será mayor que la del anterior". Esta noticia se convirtió en un detalle muy interesante. En el último día de la Fiesta de los Tabernáculos, Salomón había sido dedicado[24], y en un día como ese Jesús levantaría la voz ofreciendo a los sedientos que de su interior correrían ríos de agua viva.[25] Éste era un día especial en el que Dios hablaba a su pueblo, es un día en el que todos estaban reunidos. Dios siempre es oportuno y pertinente en lo que dice y en cuanto hace.

Martín Lutero, unos dos mil años después de Hageo, el 31 de octubre de 1517, demostró la misma pertinencia cuando fijó en Wittenberg, Alemania, las 95 tesis en contra del sistema del cristianismo dominado por los pontífices romanos. Aquel día era la víspera de Todos los Santos. En esta fecha una multitud se acercaba a la iglesia de la ciudad, y en sus puertas veía un panel informativo. Se trataba del principal cartel de la ciudad, donde los comunicados más importantes eran leídos. Como Hageo, Lutero fue oportuno, pertinente y sabio al usar el espacio y el tiempo de la manera más adecuada.

---

[24] 1 Reyes 8.2.

[25] Juan 7.37–38.

# Algunos recuerdan el pasado con gran nostalgia

> *¿Quién ha quedado entre vosotros que haya visto esta casa en su gloria primera, y cómo la veis ahora? ¿No es ella como nada delante de vuestros ojos?* (Hag 2.3).

La construcción del segundo templo produjo en los constructores sentimientos tan diferentes y hasta encontrados que los llevó a una gran confusión. Aquellos que conocieron la imponente belleza del templo salomónico lloraban al recordar la gloria del templo pasado en comparación con la sencillez del templo presente.[26] La diferencia entre los dos templos era enorme. El esplendor externo del segundo era mucho menor que el del primero. Los jóvenes, mientras tanto, que no conocían el Templo de Salomón, se alegraban con intenso júbilo delante de la obra que estaba surgiendo. Entonces, las voces de alegría y de llanto se mezclaron en Jerusalén, como nos cuenta Esdras:

> *Y muchos de los sacerdotes, de los levitas y de los jefes de casas paternas, ancianos que habían visto la casa primera, viendo echar los cimientos de esta casa, lloraban en alta voz, mientras muchos otros daban grandes gritos de alegría. Y no podía distinguir el pueblo el clamor de los gritos de alegría, de la voz del lloro; porque clamaba el pueblo con gran júbilo, y se oía el ruido hasta de lejos* (Esd 3.12–13).

---

[26] Esdras 3.8–13.

Dos sentimientos diferentes en una generación y dos generaciones distintas frente al proyecto de construir un templo nuevo.

Claramente la impresionante arquitectura del primer templo era comparativamente mucho mayor que la del segundo. Esta construcción era sencilla, aunque significativa. El primer templo fue financiado por el Estado, mientras que el segundo estaba siendo construido por trabajadores empobrecidos. Al primer templo se lo protegía como santuario real, pero el segundo era el templo de una ciudad sin muros (Zac 2.1–5). El templo que menciona Hageo no pasaba de "una capilla aldeana", en comparación con el imponente Templo de Salomón.

Al parecer los ancianos del pueblo de Dios no percibían que Jehová no es un ídolo material como los dioses paganos, ni necesita de una casa para habitar. La gloria del templo no dependía de su forma externa, pues la gloria de Dios se manifiesta en la propia presencia de Jehová. Por lo tanto, el mensaje del profeta es que la apariencia de la estructura no disminuye la gloria del templo, ya que el propio Jehová llenará el templo con su gloria. Pero la imagen del pasado era muy profunda, y las promesas de Dios para el nuevo proyecto no estaban llenando semejante vacío.

En este segundo templo, la gloria,[27] el peso, no está en la calidad de los materiales y el acabado, sino en la revelación de Jehová, en la manifestación de su presencia por su Espíritu: [...] *mi Espíritu estará en medio de vosotros, no temáis*[28]. En el primer templo, la gloria estaba en la majestad, en lo imponente de la construcción, cuyo esplendor se

---

[27] *Kabod*, en hebreo es 'peso', 'carga', 'denso'.

[28] Usualmente el uso de *Kabod*, peso, carga es paralelo a *Ruwach*, Espíritu, Hag 2.5. Ver 2 Corintios 4.17.

confundía con el peso de la gloria de Dios. Esta gloria no debió confundirse con el honor y privilegio que Dios concedió a quienes fueron la generación y los personajes que lo construyeron.

Dios ha llamado a ministrar y ser parte de congregaciones del pueblo de Dios, que tienden a vivir en constante tensión entre lo que se vivió en el pasado y lo de los tiempos presentes. En diversas congregaciones observamos cómo la nostalgia del tiempo pasado consume su potencial a tal punto que les impide ver el futuro dentro del gran proyecto divino. La presencia constante del pasado, la memoria, es importante e imprescindible, para enrumbar el presente hacia una mayor gloria, hacia una mayor consciencia y sensibilidad a la presencia del Espíritu de Dios. Debemos construir sobre el pasado y aprender de él. Sin embargo, cuando el pasado nos impide seguir construyendo, entonces las lágrimas empañarán el presente del pueblo de Dios. Mirar la vida por la visión del retrovisor puede retrasar nuestros pasos e impedirnos avanzar más ágiles y enfocados en el futuro prometido por el Señor del universo.

## Otros viven el presente con gran entusiasmo

> *¿Quién ha quedado entre vosotros que haya visto esta casa en su gloria primera, y cómo la veis ahora? ¿No es ella como nada delante de vuestros ojos?* (Hag 2.3).

La misma pregunta que el profeta hace a los mayores, se las hace a los jóvenes. Estos últimos conocen su gran historia; la han escuchado de sus padres y abuelos. Cada generación está llamada a dar cuenta de su historia a la siguiente generación. Por un lado, la respuesta de los mayores muestra la nostalgia al recordar la imponencia del templo salomónico, y por otro, se encontraban los jóvenes que no conocieron aquel templo, pero oyeron de este y se alegraban con inmenso júbilo delante de la obra que estaba surgiendo. Toda la expectativa de la obra que estaban construyendo en el presente generaba en ellos un gran entusiasmo. No tenían con qué compararlo; eran parte de un proyecto inigualablemente hermoso y glorioso.

El gran problema era que el sentimiento nostálgico de los sacerdotes, levitas y jefes de casas paternas, ancianos que habían visto la casa primera, estaba desanimando el entusiasmo de los jóvenes. La generación anterior de líderes, en lugar de ser un elemento motivador y dinamizador, se encontraba transformándose en obstáculo para la nueva espiritualidad de los más jóvenes. Parecían mostrar que ellos no habían entendido que la apariencia material de templo no era lo más importante. La gloria de aquel templo no estaba en sus paredes revestidas de oro, sino en "lo deseado" de toda nación, que el Dios de los ejércitos, el Señor del universo se manifieste y establezca la paz para siempre.[29]

Aún es preciso ser más claros en esta interpretación. No nos estamos refiriendo a la edad de los constructores; no existe un problema de incompatibilidad entre ancianos y jóvenes en el pueblo de Dios. Según Esdras, la construcción debía ser activada por los levitas jóvenes a partir de los veinte años, y los líderes definitivamente entraron también a activar la obra como un solo hombre.[30] Estamos hablando de la antigüedad en la experiencia de la vida religiosa y de

---

[29] Hageo 2.9.
[30] Esdras 3.8, 9.

la antigüedad en la experiencia de la fe, porque hay jóvenes que han tenido una experiencia religiosa que les ha llevado a ser más nostálgicos que aquellos que entusiasmados, sin importar la edad avanzada, quieren servir al Señor con novedad de vida, con todo el entusiasmo, con todas la energías y el amor apasionado por el reino de Dios.

No podemos permitir que personas que comienzan a vivir el presente de su espiritualidad con gran entusiasmo, se sientan desmotivados por los que ya están recorriendo el camino con la nostalgia de las bendiciones pasadas. Esdras nos cuenta que las voces de alegría y el lloro de la nostalgia se entremezclaban en la ciudad, como regularmente se entremezclan en nuestras iglesia el entusiasmo de vivir, servir y crecer en la vida cristiana con el desánimo, la apatía y la nostalgia de vivir pensando que todo lo pasado fue mejor.

El pueblo de Dios no debe quedarse en la memoria maravillosa del pasado. El mismo Jehová Dios sigue siendo hoy, en el presente, y siempre lo será; y se manifestará en su gloria y majestad cada vez mayor. Por ello, todos estamos invitados a poner manos a la obra; somos convocados a servirle con alegría, en la expectativa de que el significado espiritual del templo no está en las paredes revestidas de oro, sino en el hecho de "Dios con nosotros" (Emanuel)[31] ha prometido estar todos los días con nosotros en nuestro quehacer misionero.

La sencillez, la modestia, en y de nuestros espacios de culto, como signo de la paz entendida como *shalom*, bienestar, fraternidad, convivencia agradable, que acompaña la gloria de Dios es lo que nos presenta el profeta. El lujo y los

---

[31] Mateo 1.23.

signos de prosperidad no siempre son el ambiente en el que la gloria de Dios es especialmente manifiesta. Regularmente lo material termina desplazando la atención al Espíritu de Dios, quien desciende procurando cambiar nuestra visión de la adoración.

## NOTAS:

_________________________________________________

_________________________________________________

_________________________________________________

_________________________________________________

_________________________________________________

_________________________________________________

## PREGUNTAS PARA LA REFLEXIÓN:

1. *¿En qué circunstancias hemos sentido que Dios no ha sido oportuno y pertinente?*

_________________________________________________

_________________________________________________

_________________________________________________

_________________________________________________

2. *¿Qué tipo de confusión causó la construcción del majestuoso primer templo en relación con la gloria de Dios? ¿En qué medida se pueden confundir grandes resultados cuantificables con la gloria y bendición de Dios?*

_________________________________________________

_________________________________________________

_________________________________________________

_________________________________________________

3. *¿Cómo podemos administrar la importancia de nuestras tradiciones con los desafíos que nos presentan los nuevos tiempos?*

________________________________________________

________________________________________________

________________________________________________

________________________________________________

________________________________________________

________________________________________________

4. *¿Qué tipo de relación debe desarrollarse entre la antigüedad en la experiencia religiosa y la antigüedad en la experiencia de la fe?*

________________________________________________

________________________________________________

________________________________________________

________________________________________________

________________________________________________

5. *¿Por qué es importante considerar la sencillez, modestia y sobriedad a la hora de construir una espiritualidad saludable?*

________________________________________________

________________________________________________

________________________________________________

________________________________________________

# Dios nos ofrece
# un tratamiento eficaz

**Recordar nuestra niñez** siempre es un viaje fascinante. Algunas escenas se han aferrado en nuestra memoria, tan firmemente, que no nos soltarán, y constantemente estarán conectando nuestra mente y corazón. Sin embargo, algunas de esas imágenes son recuerdos borrosos y hasta muchas veces exagerados involuntariamente. La casa donde viví, cuando era niño, me parecía extremamente grande, inmensa. Pero, al volver, ya de adulto, me di cuenta de que en realidad no era tan impresionante como mi memoria me describía.

Es posible que esta experiencia emocional haya sido parte de la vivencia de algunos judíos que habían visto el templo antiguo y lo recordaban con esa nostalgia que engrandece los tiempos pasados. El primer templo era significativamente más grande y más espléndido que el segundo que estaban construyendo, pero como toda comparación es odiosa, el primero era magnificado en demasía al ver la pequeñez del segundo. Sin embargo, aquellos que no habían visto la belleza del antiguo templo, veían lo que estaban haciendo y se llenaban de profundo gozo porque el proyecto los convencía y les daba una razón de vida.

El pueblo de Dios era diverso en sus trasfondos; algunos se sentían más cerca de lo civil, preferían tal vez el liderazgo laico de Zorobabel; otros, un tanto más inclinados a lo religioso, admiraban tal vez a Josué. Del mismo modo, en nuestras congregaciones es de suponer que exista una situación heterogénea, incluso con diversas tradiciones teológicas. Comunidades de fe diversas y heterogéneas, algunas fieles a sus raíces, acogen a protestantes de otras congregaciones evangélicas, pero también a nuevos creyentes que se atreven a caminar con Cristo. El mensaje de Hageo parecería que responde a la interrogante de cómo unificar tanta diversidad, de cómo prevenir que exista la tensión natural entre la experiencia previa y la novedad presente. Entonces, Dios, le promete al Pueblo de Dios una solución, un tratamiento eficaz: "cobrad ánimo y trabajad pueblo todo de la tierra"; una propuesta que nos alcanza a nosotros, y que unificará esas realidades y distenderá aquella tensión.

## Una orden alentadora

> *Pues ahora, Zorobabel, esfuérzate, dice Jehová; esfuérzate también, Josué hijo de Josadac, sumo sacerdote; y cobrad ánimo, pueblo todo de la tierra, dice Jehová, y trabajad* […] (Hag 2.4).

Tres veces Dios repitió la misma palabra: *¡Esfuérzate!* Fue la misma Palabra que David dirigió a su hijo Salomón para animarlo a construir el primer templo: "Sé fuerte y haz la obra"[32]. Ahora, quien anima al liderazgo es Dios mismo. "Esfuérzate, Yo estoy contigo", el peso de la presencia de la gloria de Dios se ha reiniciado, no teman, no se desanimen, trabajen.

---

[32] 1 Crónicas 28.19.

Cada uno de nosotros puede descubrir sus fortalezas y capacidades, pero reconociendo que proceden de Jehová nuestro Dios Todopoderoso. Si abrimos nuestros ojos y escuchamos la historia, descubriremos que la fuerza y el esfuerzo del pueblo de Dios siempre ha venido de Dios. Hemos recibido largamente un fortalecimiento tal que no podemos dejar de reconocer y resaltar que cuando nos desanimamos en la obra de Dios, la ayuda divina siempre fue oportuna y vital. Nunca nuestras fuerzas vinieron de la coyuntura, del liderazgo político, religioso o social, sino de la soberana intervención de Dios.

El mensaje de Hageo es un desafío a mirar con humildad que en el pasado y en el presente nuestra fuerza no viene del brazo de nuestras capacidades y destrezas, sino del Espíritu de Dios. En esta generación también "Yo estoy con vosotros", dice el Señor del universo. Es un llamado a la dependencia y a la entrega total al proveedor. El profeta Zacarías lo entendía muy bien cuando le dice al pueblo [...] *No con ejército, ni con fuerza, sino con mi Espíritu, ha dicho Jehová de los ejércitos*[33].

Recordemos que el pueblo de Dios estaba desanimado y apático, vivía en una resignación histórica que no le permitía ver que Jehová Dios aún obraba a través de ellos. Cuando Dios despierta el espíritu de los líderes y del remanente fiel, Él también fortalece y los desafía a trabajar confiados en que sus fuerzas están afirmadas en Dios Todopoderoso.

Es necesario que el pueblo de Dios constantemente cobre ánimo, y pida nuevas fuerzas para generar una nueva visión que provea aliento nuevo. Hay momentos en que tanto los líderes como el pueblo necesitan de ánimo y fortalecimiento,

---

[33] Zacarías 4.6.

y sabemos que solamente cuando un pueblo es fortalecido espiritualmente puede trabajar. Por eso, Dios le dijo y le dice a su pueblo ayer y hoy que se esfuerce, que cobre ánimo y trabaje, porque su fortaleza proviene del Espíritu de Dios que se manifiesta entre ellos.

## Una presencia garantizada

> *[...] esfuérzate [...] y cobrad ánimo [...] y trabajad; porque yo estoy con vosotros, dice Jehová de los ejércitos* (Hag 2.4).

Es maravilloso sentirse respaldado. Aún recuerdo cuando aprendí a manejar bicicleta, daba una sensación de temor y miedo por el peligro de caerse. La bicicleta tenía las ruedas pequeñas que se colocan en las traseras, pero incluso así no podía sentirme seguro si no veía a mi padre respaldándome en la aventura de manejar bicicleta. Aún puedo recordar sus palabras: "No te preocupes, voy a estar aquí". Dios les prometió a Moisés y a Josué que iba a estar con ellos. Dios mismo, a través de Hageo, le vuelve a asegurar a su pueblo que está con él ahora en la designación de los levitas jóvenes para el mayor esfuerzo, en el acarreo de materiales, en la colocación de los fundamentos, en la edificación, en el acabado; que siempre estará con su pueblo en la construcción y reconstrucción de ese espacio sagrado que le pertenece, en el que reina y al cual llena con su gloria[34]. Dios no sólo nos promete su compañía cuando lleguemos a la meta; Él nos bendice con su compañía en nuestra historia. El pueblo de

---

[34] Isaías 6.3 *[...] ¡Santo, santo, santo, es el* Señor *de los ejércitos! ¡Toda la tierra está llena de su gloria!* (RVC)

Dios aún no había terminado el templo que aseguraba la gloria de Dios mayor que la del Templo de Salomón, pero Él ya le garantizaba la presencia de su Espíritu en el proceso de construcción, y esta presencia le daría fuerza y ánimo en la misión emprendida.

La presencia de Dios compensa permanentemente nuestras angustias pasadas, nos ayuda en los deberes presentes y será totalmente suficiente para nuestros desafíos futuros.

## Un pacto inquebrantable

*Según el pacto que hice con vosotros cuando salisteis de Egipto* […] (Hag 2.5).

Dios hizo con su pueblo un pacto y lo renovó a lo largo de la historia. El Señor prometió a Moisés que iba a estar con él y estuvo con su pueblo durante el éxodo de Egipto, en el desierto, en la entrada a la tierra prometida. El éxodo y el exilio tienen varios aspectos en común. El pacto de Dios permanece y no se quiebra por la desobediencia de su pueblo, permanece por su fidelidad a su promesa. El profeta los animó a seguir trabajando con la motivación correcta asegurándoles que el Señor ya estaba con ellos en un sentido muy real.

Cuando el tabernáculo fue acabado por Moisés, se convirtió en el centro de la presencia de la gloria de Jehová,[35] pues el Señor había prometido habitar en medio de su pueblo. Dios es fiel al pacto y a sus promesas. Aun cuando somos infieles, Él permanece fiel. Dios comprometió

---

[35] Éxodo 40.34.

un pacto eterno con su pueblo. Hoy Él es nuestro Dios y nosotros somos su pueblo, ovejas de su prado.[36]

Cuando transgredimos las normas de su pacto, Él hace lo imposible por corregirnos; cuando volvemos a Él y a sus normas, nos perdona y restaura. Cuando nos sentimos desanimados, nos anima; cuando nuestras manos se debilitan, nos fortalece para hacer su obra. Su pacto está asegurado en su misericordia. Hoy en su pueblo las promesas del evangelio son selladas para nosotros por la Palabra del Padre, por la sangre del Hijo y por el testimonio del Espíritu Santo.

## Una habitación consoladora

> [...] *así mi Espíritu estará en medio de vosotros,*
> *no temáis* (Hag 2.5).

El profeta Hageo le dice al pueblo en nombre del *Señor de los ejércitos* que su Espíritu estará siempre en medio de su pueblo, no se irá. El Espíritu de Dios es una garantía de seguridad para toda obra dentro del proyecto divino para su pueblo. La obra por su reino y su majestad sólo puede ser realizada con el auxilio del Espíritu Santo.

En ese momento había incertidumbre en el pueblo, y temor por los enemigos. Pero Dios les dijo que no debían temer, porque el Espíritu de Jehová Dios Todopoderoso ya estaba entre su pueblo. El ánimo, el esfuerzo, el trabajo enfocado en ver esa gloria mayor irían develando "el peso"[37] de su presencia y Dios los iría sorprendiendo y asombrando.

---

36 Salmos 79.13.

37 *Kabod* (Gloria): peso, carga, denso.

Ellos se darían cuenta de que donde está el Espíritu de Dios, el miedo no prevalece. El abandono del miedo vence las dificultades y permite la fascinación por lo que Dios va haciendo por medio de su pueblo, que emprende obras trascendentales para la gloria de Dios.

[…] *No temas, cree solamente*[38], son las palabras de Jesús a un religioso, el líder de la sinagoga. En los evangelios y los demás escritos del Nuevo Testamento, no temer es un mandato hacia el amor[39] y un desafío a confiar en la presencia del Espíritu de Dios. Debemos asimilar a nuestra vida, como pueblo de Dios, la promesa de su presencia, de su cuidado, de su dirección, que hace posible su paz.

---

[38] Marcos 5.36.

[39] 1 Juan 4.18: *En el amor no hay temor, sino que el perfecto amor echa fuera el temor; porque el temor lleva en sí castigo. De donde el que teme, no ha sido perfeccionado en el amor.*

## Notas:

_______________________________________________

_______________________________________________

_______________________________________________

_______________________________________________

_______________________________________________

_______________________________________________

_______________________________________________

## Preguntas para la reflexión:

1. *¿Una espiritualidad comunitaria saludable busca la diversidad? ¿Cómo ha sido nuestra experiencia religiosa en relación con la diversidad en nuestra comunidad de fe?*

_______________________________________________

_______________________________________________

_______________________________________________

_______________________________________________

_______________________________________________

2. *¿De dónde vienen nuestras fuerzas para desarrollar capacidades y destrezas? ¿Por qué es importante el reconocimiento de la fuente de nuestra fortaleza?*

_______________________________________________

_______________________________________________

_______________________________________________

_______________________________________________

_______________________________________________

3. *¿Qué beneficios trae la presencia de Dios en relación con nuestras angustias pasadas, deberes presentes y desafíos futuros?*

_______________________________________________

_______________________________________________

_______________________________________________

_______________________________________________

_______________________________________________

_______________________________________________

4. *¿Por qué el pacto de Dios con su pueblo no puede quebrarse? ¿Qué relación tiene esto con su carácter?*

_______________________________________________

_______________________________________________

_______________________________________________

_______________________________________________

_______________________________________________

5. *¿Qué tipo de garantía trae el Espíritu de Dios cuando actúa en nuestras vidas?*

_______________________________________________

_______________________________________________

_______________________________________________

_______________________________________________

_______________________________________________

# Lo mejor
# aún está por venir

**Dios, por intermedio del profeta Hageo,** dio un mensaje prometedor al pueblo. En dicho mensaje, también les recomendó reconsiderar sus caminos y cambiar de actitud. Hemos visto que Dios despertó el espíritu de todo el pueblo y que todos se pusieron a trabajar dispuestos a servir con alegría y de esta manera reconstruyeron su relación con Él. Sin embargo, había una tensión entre aquellos que habían visto lo majestuoso del primer templo y recordaban con nostalgia aquella belleza del antiguo templo, y aquellos que se alegraban con el novedoso proyecto de reconstrucción.

Dios animó a su pueblo a esforzarse y trabajar como un solo pueblo. Comprometió la presencia de su Espíritu, quien garantizaba a todos seguridad en la labor que les había encomendado. Les recordó, también, que Él, el Señor del universo, había firmado con ellos un pacto inquebrantable que no dependía de ellos, sino de la fidelidad a sus promesas. De esta manera, todos ellos se unieron en torno a estas promesas; sin embargo, lo que el pueblo de Dios aún no se percataba era que la reconstrucción del nuevo templo, como espacio de adoración, aseguraba algo mucho mayor en la historia.

# Cuando lo irreversible se manifieste poderosamente

> *Porque así dice Jehová de los ejércitos: De aquí a poco yo haré temblar los cielos y la tierra, el mar y la tierra seca; y haré temblar a todas las naciones* [...] (Hag 2.6–7a).

En esta visión de audacia profética vemos que se revelan las dimensiones de la fe en *Jehová de los ejércitos*, quien se manifiesta definitivamente por el profeta como Señor del universo. Lo fascinante es que aquí el futuro es condensado. La obra del nuevo templo tendrá un impacto universal, será un símbolo para las naciones del Dios de la historia, Jehová Dios manifestaría su infinito poder sobre los reinos del mundo.

En adelante, la conmoción geopolítica[40] irá dando signos de la aproximación de una nueva era, las guerras, revoluciones y contrarrevoluciones irían mostrando la intervención redentora de Dios, a través de los hechos históricos vividos por los judíos. La historia del pacto con su pueblo y el futuro de la dinastía davídica están bajo la dirección del Señor del universo; su reinado sobre el universo es para realizar su proyecto redentor divino aun con hechos incomprensibles.[41]

Hageo estaba hablando desde una perspectiva profética panorámica acerca del futuro. Ésta es una profecía fascinante, porque el profeta ve el futuro en más de una dimensión. Todo este estremecimiento mundial y cósmico que menciona el profeta no sólo incluye la primera venida de lo más

---

[40] Hageo 2.6, 22.

[41] Hebreos 12.26.

deseado de las naciones, un redentor, sino está anunciando un segundo acontecimiento redentor final. Lo irreversible sucederá tarde o temprano. La primera y la segunda venida del Mesías sucederían tarde o temprano. El cumplimiento de esta promesa tendría significado para su tiempo: el Mesías nacería, acercaría y haría más visible el reino de Dios, pero su consumación plena y eterna será después de la segunda venida del Mesías en gloria y majestad.

Hoy el pueblo de Dios es parte de ese reino, que no puede ser estremecido, porque avanza "inconmovible" por la presencia de su Espíritu. Hageo vio la acción redentora de Dios en la reasunción de las tareas de la construcción del nuevo templo y la promesa de la gloria mayor para esa modesta construcción.

En la historia se van dando signos de algo irreversible, nuevo y mayor por venir, y la promesa de la presencia de Señor del universo junto con su pueblo en lo que emprende, va dando cuenta de que lo mejor aún está por venir.

## Cuando lo deseado se cumpla finalmente

> *[...] y vendrá el Deseado de todas las naciones; y llenaré de gloria esta casa, ha dicho Jehová de los ejércitos* (Hag 2.7b).

Hageo anima al pueblo de Judá afirmándoles que aquel que estaba en el trono y gobernaba el mundo no era el rey persa Darío, sino Jehová Dios Señor de la historia y del universo. El futuro del pueblo de Dios, ayer como hoy, no está en las manos de los poderosos de la tierra, sino en las del Dios Todopoderoso. El Señor mismo iba a sacudir al Imperio persa y a los demás imperios que habrían de surgir. Los reinos de este mundo, por más poderosos que sean, no podrán resistirse al establecimiento del reino de Dios y a que otro mundo es posible.

Una nueva etapa en la vida del pueblo de Dios estaba comenzando. Toda esta profecía y señales cósmicas están relacionadas y asociadas a la gloria que se manifestará en el nuevo templo. La construcción del templo les afirmaba que la vida civil, política y religiosa ligada íntimamente a los sucesos del templo sería normalizada. El propio Señor de gloria entraría en esa casa y le daría un nuevo significado al espacio de culto a Jehová Dios, Señor del universo.

La profecía nos anuncia que, en el futuro, algo glorioso sucedería en el templo. El sagrado texto del mensaje nos dice que cuando tenga lugar esta gran conmoción mundial que afecta a "todas las naciones", […] *vendrá el Deseado de todas las naciones* […][42], y la casa de Dios será llena de Su gloria.

Aquí es necesario detenernos un momento. Es posible que aquella interpretación que señala a Cristo personalmente como "el Deseado de todas las naciones", sea una interpretación inexacta o al menos insuficiente. Esta posibilidad se puede confirmar sin mayor conocimiento de las lenguas originales. En otras versiones de la Biblia, vemos una traducción que expresa con mayor claridad esta expresión presentándolo en plural, es decir: […] *los tesoros de las naciones* […][43], […] *sus riquezas* […][44], aunque una lectura en la lengua original nos lleva a la idea en singular "la

---

[42] 2.7 La *Reina Valera Contemporánea* traduce "lo más deseado" (2011). La versión *La Palabra* (2010), da por implícita la idea en el texto. Lo mismo hace la *Biblia de las Américas* (Loockman) y la *Biblia de Jerusalén*.

[43] Nueva traducción Viviente, NTV.

[44] Nueva Versión Internacional, NVI.

prosperidad deseada por las naciones" o "la fortuna de las naciones". Por consiguiente, convengamos en que cuando el reino de Dios se establezca la redención será total y todo lo deseado, el ideal de las naciones tendrá como centro la gloria prometida al templo, y todo será reunido en el Mesías,[45] en una gloria jamás vista en la historia.

Con todo, la traducción de la versión Reina Valera, de 1960, intenta facilitarnos la tarea y nos ayuda a entender que todo lo que las naciones esperan y anhelan vendrá cuando el Mesías se manifieste en su reino mesiánico. Es decir, las naciones siempre han suspirado por paz, en el sentido de *shalom*, no sólo como ausencia de guerra; siempre han aspirado a tener bienestar, prosperidad, abundancia; han anhelado estabilidad, tranquilidad, seguridad, y esto se haría realidad para el pueblo de Dios, como para cualquier nación que esté dispuesta a reconstruir toda relación perdida con Dios, por medio del Mesías. Un ofrecimiento universal que llegó como una promesa en medio de la restauración de una relación perdida de un pueblo tras la transgresión y la necesidad de un cautiverio.

Con Hageo avanza la confianza en una época en la historia de la realización de las promesas del Señor, que constituyen nuestros ideales. Jehová Dios, por el profeta Isaías, había dicho que el Rey Justo llegaría, y desde lo alto Su Espíritu sería derramado sobre el pueblo de Dios:

> *[...] Entonces el desierto se volverá un campo fértil, y el campo fértil se convertirá en bosque. La justicia morará en el desierto, y en el campo fértil habitará la rectitud. El producto de la justicia será*

---

45 Efesios 1.9–10 En el cumplimiento de los tiempos[...] todas las naciones serán reunidas en Cristo.

> *la paz; tranquilidad y seguridad perpetuas serán*
> *su fruto. Mi pueblo habitará en un lugar de paz,*
> *en moradas seguras, en serenos lugares de reposo*
> (Is 32.15–18; NVI).

Lo deseable se cumplirá en su tiempo y, aunque de cierta manera, hoy disfrutamos de todos estos beneficios en Dios, por formar parte de la inauguración y avance de su reino, esperamos aún el acontecimiento mayor.

Reconozcamos que lo mejor aún está por venir, aún Dios no ha terminado su proyecto divino. Lo que ha hecho el Señor del universo hasta hoy, es tan sólo la antesala, es por eso que [...] *nos hizo renacer para una esperanza viva* [...][46].

## Su provisión será inagotable

> *Mía es la plata, y mío es el oro, dice Jehová de los*
> *ejércitos* (Hag 2.8).

Estas promesas eran necesarias por la condición espiritual del pueblo de Dios. Hageo busca que tomen aún mayor conciencia del tiempo que perdieron en el proyecto que abandonaron. Estas promesas eran significativas porque el pueblo expatriado había retornado falto de recursos propios, aunque sí con recursos para hacer la obra del templo. Lo poco que tenían se agotaba, y ya eran ancianos;[47] ver sus casas los convencía de que aquella primera inversión había sido equivocada; necesitaban una nueva oportunidad, una nueva promesa.

---

[46] 1 Pedro 1.3.
[47] Esdras 6.6, 14.

Con Hageo les llegó una nueva oportunidad. Los recursos provistos para la construcción por Ciro, rey de los persas, mostraban que la plata y el oro son del Señor. Para la época de Darío aun había dinero para traer madera del Líbano y pagar los albañiles[48]. El dinero, la plata y el oro de los tesoros de la monarquía estaban financiando el proyecto, y Dios se hallaba guiando todo ese movimiento de recursos[49]; el Imperio devolvió los utensilios de oro y plata del templo,[50] y además llegó ayuda solidaria.[51]

Si algo desanima cualquier proyecto es la falta de recursos, pero mucho peor es el haber malgastado lo poco que se tiene, alterando el orden de las prioridades. Entonces, el profeta los llama a reconocer que el problema no era la falta de recursos —no debían llorar sobre la leche derramada—, sino que debían reconocer desde la fe, la visión y la obediencia el nuevo tiempo de la provisión inagotable de su Dios. Ellos no deberían ser ingenuos; toda riqueza del mundo le pertenece al Señor del universo. La obra de Dios hecha en el tiempo de Dios, en consonancia con su voluntad, jamás tendrá la falta de los recursos de Dios. Si Dios quiere, Dios provee, así de simple.

Tres reyes persas: Darío, Ciro y Artajerjes fueron instrumentos para la provisión divina; el Señor del universo hizo de la ayuda a la reconstrucción una política de Estado[52]. La promesa se asienta en una teología de revelación general confirmada por las acciones de Jehová Dios en la historia de su pueblo. Los monarcas persas comenzaron a reconocer al

---

[48] Esdras 1.1–11; 3.7; 6.4.

[49] Esdras 6.4.

[50] Esdras 1.7; 6.5.

[51] Esdras 1.6.

[52] Esdras 6.14.

Señor de los ejércitos, como el Dios del universo: "Él es el Dios Todopoderoso"[53].

Las riquezas, momentáneamente, están en la administración de manos humanas, pero en definitiva todo es de Él. Por ello, cuando hablamos de dinero, de los recursos necesarios para llevar adelante la extensión del reino, el dar es un acto voluntario y solidario; pero de comprometidos administradores de los recursos del Señor del universo que nos moviliza hacia su proyecto divino. La provisión de Dios no viene a nuestras manos para nuestro mero beneficio, sino para que la administremos en función de ser parte del proyecto de la extensión de su reino.

Dios no usa sugestiones ni coacciona para proveer sus recursos, Él utiliza gente comprometida y agradecida, personas que han entendido que lo primero que se busca es ver el avance de la construcción del reino de Dios. De hecho, la provisión de lo necesario para nuestras vidas sólo irá confirmando lo conveniente, que es priorizar su reino[54], pues esta realidad viene acompañada de la certidumbre de que de Él es la plata y el oro y su provisión oportuna siempre estará presente porque no hay justo desamparado, ni siquiera uno [...] *que mendigue pan* (Sal 37.25).

## Su paz será perdurable

> *La gloria postrera de esta casa será mayor que la primera, ha dicho Jehová de los ejércitos; y daré paz en este lugar, dice Jehová de los ejércitos* (Hag 2.9).

---

[53] Esdras 1.3.
[54] Mateo 6.33.

El profeta anima una vez más al pueblo, les dice que la gloria del primer templo era mayormente material y efímera, pasajera; pero la gloria del segundo templo, será mayormente espiritual y permanente.

La gloria posterior traerá paz a ese lugar, como espacio de adoración. La presencia del Espíritu dará todo completamente y de manera progresiva bienestar, seguridad, salud, prosperidad, fraternidad, firmeza, restauración de la relación de obediencia con Dios.

La paz verdadera es aquella que se edifica con ladrillos de fe, obediencia y esperanza; es una disposición espiritual comprometida, profunda y perdurable. El primer templo era admirable por el esplendor de los materiales empleados, en especial por los acabados y los utensilios. En el segundo, solo estaban los utensilios devueltos, los símbolos suficientes para sentirse en paz; en especial, el candelabro, símbolo de la presencia del Espíritu de Jehová Dios.[55] La gloria de este templo no estaba en sus piedras doradas y en su imponencia, sino en el hecho de que fue en él que el Dios que se hizo carne e hizo su habitación recordándoles la presencia de su Espíritu, también en cada persona[56]. Jesús lleno de gracia y verdad[57] hizo "su tabernáculo" en nuestra historia y nos dejó un sentido distinto al significado de la paz, de ausencia de violencia, Él dijo: "Mi paz les doy, no tengan miedo porque el Espíritu de Dios los guiará"[58].

Dios nos dice, por medio del mensaje de Hageo, que la paz es una realidad de origen divino, resultado de una

---

[55] Por lo menos uno de los diez candeleros de oro estuvo en el nuevo templo (1R 7.49). Antíoco Epífanes lo sustrajo de allí.

[56] Juan 7.38–39.

[57] Juan 1.14–16.

[58] Juan 14.26–27.

reconstrucción espiritual, y del cambio en nuestras actitudes que hace que afrontemos los desafíos involucrándonos en ellos para lograr el avance del reino de Dios.

En esta realidad espiritual, el Espíritu de Dios se mueve significativamente entre quienes están en el camino por ver una mayor manifestación de la gloria de Dios. Es posible reconstruir nuestra espiritualidad, traducida en compromiso y enfoque prioritario en su reino. Esto comienza por dejar que el Señor del universo aumente nuestra fe, por disponernos a obedecerlo en virtud de las promesas de su pacto cumplidas en el Éxodo, en estos tiempos de Hageo en el exilio y, en perspectiva profética, cumplidas en la vida de su iglesia como pueblo de Dios, aun en nuestros días, en cada proyecto personal, familiar y eclesial que emprendemos en el avance de su reino para su gloria.

Las bendiciones de la era mesiánica son resumidas en una sola palabra: paz. Jesucristo es nuestra paz y quien ha asumido la misión de reconciliarlo todo y forjar un nuevo hombre.[59] Por el sufrimiento de Jesús, por su crucifixión, somos reconciliados con Dios. Hoy, la paz con Dios como reconciliación total es una realidad cuyas dimensiones sobrepasan cualquier conocimiento, toda comparación y utopía[60].

El ser humano fue diseñado para vivir en paz, en plena armonía con su creador y su creación. Sin embargo, consideremos la pregunta inicial de Dios por medio de Hageo en esta sección (v. 2.3): "¿No es nada esto delante de vuestros ojos, en comparación con la gloria del primer templo?". La condición espiritual del pueblo no les permitía ver en lo modesto del nuevo templo, la gloria de Dios. De la

---

[59] Colosenses 1.20; Efesios 2.14–15.
[60] Romanos 5.1; Filipenses 4.7.

misma manera, la transgresión, la desobediencia, el pecado en nosotros, desdibuja cualquier diseño original y, aunque nos quieran convencer diciendo que paz es la sensación de calma, tranquilidad, quietud y satisfacción que sentimos cuando las cosas están pasando de la manera que habíamos previsto, debemos percatarnos de que eso es tan sólo una sensación, porque ese tipo de paz puede ser destruida por las circunstancias; ella termina cuando llega el fracaso, el miedo, la duda, las dificultades, la enfermedad, la tristeza y el incierto futuro por lo desafiante de la obra y la promesa anunciada. En realidad, ese tipo de paz es pasajera, porque no ve la armonía entre el Dios del pacto y su proyecto redentor.

La paz que Dios nos ofrece tiene que ver muy poco con la ausencia de conflictos, tensiones, angustias, escándalos, violencia, ni siquiera con un sentimiento de bienestar. Lo modesto y sencillo del proyecto del nuevo templo representa en sí un mensaje. En el contacto con la suntuosidad del Imperio babilónico y luego persa, la cultura y el estilo de vida habían cambiado para los exiliados. El apego a lo material, al consumo de la época, sin importar su relación con la idolatría, los colocaba en conflicto ante la modestia del templo.

La gloria mayor que se manifestaría en un espacio sagrado y humilde vulneraba toda pretensión de estatus social o religioso, que pretendía vivir una paz sin alteraciones, sin cambios. Sea cual fuere el problema o la situación, esta paz no se limita, ni se construye con base en relaciones humanas e incremento de posesiones, que den seguridad y tranquilidad. La paz se construye sobre la base del solido carácter inalterable de Jehová Dios Todopoderoso totalmente acertado en sus planes: un espacio sagrado modesto para manifestar la mayor gloria de Dios experimentada.

Dios no sólo promete la presencia de su Espíritu, sino que también armoniza nuestras vidas, relacionándonos con su proyecto divino. Nos promete una nueva relación permanente, una relación de confianza en el Señor del universo, inquebrantable, inmutable, y transcendente. Su pacto es pacto de paz en una relación correcta con nosotros mismos, con el prójimo, con la creación, ahora y por toda la eternidad. Lo mejor aún está por venir.

## NOTAS:

<br><br><br><br><br><br><br><br>

## PREGUNTAS PARA LA REFLEXIÓN:

1. *¿En cuántas dimensiones se manifiesta "lo irreversible"? ¿Cómo se manifestará en cada una de ellas?*

<br><br><br><br>

2. *¿Qué es "lo deseado de las naciones" y cuál es su relación con la llegada redentora del Mesías? ¿Qué deseamos en la vida y cuál es su relación con la llegada de Jesús a nuestra vida?*

3.  ¿Cómo podemos demostrar de manera concreta que los recursos económicos son de Dios y que nosotros somos administradores de sus proyectos en la tierra?

___________________________________________

___________________________________________

___________________________________________

___________________________________________

___________________________________________

___________________________________________

4.  ¿Cuál es el método que Dios utiliza para demostrar que al priorizar su reino estamos haciendo lo correcto?

___________________________________________

___________________________________________

___________________________________________

___________________________________________

___________________________________________

___________________________________________

5.  ¿Cómo se edifica la paz perdurable y verdadera?

___________________________________________

___________________________________________

___________________________________________

___________________________________________

___________________________________________

___________________________________________

# Cuando servimos a Dios

**Todo iba bien, pero nuevamente** tenemos una fecha en el relato del profeta, lo que va indicando un incremento en la perspectiva profética. *A los veinticuatro días del noveno mes, en el segundo año de Darío*, tres meses después, según las fechas indicadas por Hageo en los versículos 1.15 y 2.10, el pueblo estaba nuevamente desanimado, porque habían decidido reconstruir el templo; se encontraban a punto de colocar piedra sobre piedra, a edificar sobre las bases colocadas hace algunos años, pero tenían conflictos con el espacio para la adoración que construían, pues, su falta de conversión e impureza en la obra de sus manos, era proporcionalmente opuesta a la santidad que el Señor les exigía en el corazón. Aquí estamos frente a un nuevo mensaje profético.

El pueblo de Dios estaba convencido de que al construir el templo cumplía la voluntad de Dios; no obstante, el problema era la consagración de sus vidas. Dios les mostró su voluntad a través de la insistencia de los persas,[61] y la solución era ir más allá de la religiosidad ritual, retornar a una espiritualidad en la que la pureza ritual y la pureza ética

---

[61] Esdras 7.18, 26.

fueran, desde ya, una realidad del pacto en la obra de sus manos.

Hageo profetiza en pleno retorno. Este es un tiempo para meditar. ¿Por qué fueron al cautiverio? Su transgresión había sido tanto con la profanación ritual como con la aceptación de la inmoralidad. En Hageo vemos cómo los hombres del pueblo de Dios se habían contaminado con la idolatría de las mujeres paganas que tomaron por esposas, habían quebrantado el sábado y profanado el sacerdocio. Tenían clara la santidad ritual y sanitaria, pero seguían siendo inmundos y todo lo que tocaran seguiría haciéndose impuro. Necesitaban cambiar, dar la vuelta y retornar del camino en el que andaban. En esto debían meditar. Lo que hacemos para Dios debe representar y ser el fruto de nuestra vida consagrada a Él. Pues, de lo contrario, una vida hipócrita delante de Dios mancha cualquier cosa que podamos hacer para Él.

Los sacerdotes, como los clérigos de nuestro tiempo, conocedores de lo que se considera impuro según la ley y las tradiciones, se pueden mover ante sus congregaciones con una imagen de santidad exterior. Sin embargo, es necesario reconocer que el trabajo pastoral no siempre es el fruto de la santidad personal, sino más bien de la necesidad de mantener esa imagen. Dios interpela a los sacerdotes a través de Hageo para que vean más allá de lo ritual.

La impureza trasciende lo religioso. Se puede dedicar veinticuatro horas del día a realizar diversas actividades religiosas consideradas admirables por la congregación y la comunidad, pero nada de eso será santo, bueno, agradable delante de Dios, si la vida no expresa en aquella relación, ese retorno, ese cambio ocurrido en lo más profundo de nuestro ser, una experiencia de transformación desde nuestra interioridad.

# Es necesario volver a la Palabra

*A los veinticuatro días del noveno mes, en el segundo año de Darío, vino palabra de Jehová por medio del profeta Hageo, diciendo: Así ha dicho Jehová de los ejércitos: Pregunta ahora a los sacerdotes acerca de la ley, diciendo* (Hag 2.10–11):

Había una cuestión sobre la mesa y al parecer una discusión de pasillo entre los rincones de la ciudad, entre la gente que trabajaba en el templo; muchas cosas se sabían de algunos y se comentaban prácticas de otros; pero lo que todo el mundo sabía era que el pueblo, en general, no había consagrado su vida al Señor Todopoderoso. Era sabido que servían en el templo, pero no lo hacían en lo cotidiano. Aun así, se sentían privilegiados por ser "el pueblo de Dios", se sentían "dignos" por haber sido el pueblo elegido; pero, en realidad, las cosas en lo cotidiano no estaban bien, había hipocresía por doquier.

Dios decide entonces llevarlos a escuchar la ley nuevamente. La forma en que lo hace es usando su propia práctica cultural y religiosa; los llama a buscar la opinión de los sacerdotes. El veredicto de los sacerdotes sobre la cuestión que plantea la pregunta de Hageo se consideraría como autoridad. La ley era principio regulador de todos los aspectos de la vida, particularmente el religioso. Entonces, el profeta pregunta y la respuesta vendría de la ley de Moisés.

Si alguno se metía en una situación en la que no se sabía qué hacer, se debía pedir la interpretación del sacerdote. Su opinión representaba el principio que llevaría a la solución del problema. En definitiva, la ley era la regla de fe y conducta del pueblo. De la misma manera, nosotros, si nos metemos en una situación en la que no sabemos qué hacer, ni cómo lo manejaremos, debemos volver a la Palabra de Dios y recibir así el principio que soluciona aquella situación.

Para servir o vivir de acuerdo con lo que Dios quiere, debemos volver a la Palabra. En todos los aspectos de la vida, la Palabra de Dios tiene algo que decir y ella siempre tendrá la autoridad final en lo que creemos y en lo que hacemos.

## Es necesario buscar coherencia

> *Si alguno llevare carne santificada en la falda de su ropa, y con el vuelo de ella tocare pan, o vianda, o vino, o aceite, o cualquier otra comida, ¿será santificada? Y respondieron los sacerdotes y dijeron: No. Y dijo Hageo: Si un inmundo a causa de cuerpo muerto tocare alguna cosa de estas, ¿será inmunda? Y respondieron los sacerdotes, y dijeron: Inmunda será* (Hag 2.12–13).

Cuando nos angustiamos por el resfrío de alguno de nuestros hijos, deseamos poder transmitirles nuestra salud; sin embargo, ellos sí pueden contagiarnos su estado viral y eso se comprueba fácilmente en la práctica, porque cuando "uno cae" en casa, todos, o la mayoría, en definitiva, "caerán" también. Esta es la idea que está expresada en el texto. No puedo transferir salud, pero sí puedo contagiarme de una enfermedad. De la misma manera, las cosas santas no tienen el poder de purificar las cosas inmundas. Pero las cosas inmundas tienen el poder de contaminar las cosas santas.

El pueblo de Dios se había convencido de reconstruir el templo, estaban cumpliendo con Él, pero el problema era que se contaminaron tomando por mujeres a las hijas de los Cananeos (Esd 9), violando el *sabath* y profanando el sacerdocio (Neh 13). Por más que estuvieran obedeciendo a Dios al reconstruir el templo, todo estaba siendo contaminado porque su vida se hallaba desordenada.

Esto quiere decir que si estamos viviendo una vida que no agrada a Dios durante la semana, lo que hagamos en la iglesia el fin de semana no santifica aquello que hacemos con nuestra vida. Lo que estamos haciendo mal con nuestra vida tiene el poder de manchar todo lo que hagamos en la iglesia. Por eso, es necesario darnos cuenta de que servicio sin santidad es mera religiosidad. Es necesario buscar coherencia en nuestra espiritualidad. La religiosidad hipócrita genera culpa. Uno busca sentirse bien por lo que hace para Dios, pero siguen siendo, en las palabras de Hageo, cosas "inmundas" para el Señor, y, claramente, esto nos pone en aprietos.

La coherencia en la espiritualidad cristiana es fundamental. Lo que hacemos para Dios debe ser el reflejo de nuestra vida consagrada a Él. Si nuestra vida está consagrada, entonces lo que hacemos para Dios será aceptado por Él.

## Es necesario aceptar la exhortación

> *Y respondió Hageo y dijo: Así es este pueblo y esta gente delante de mí, dice Jehová; y asimismo toda obra de sus manos; y todo lo que aquí ofrecen es inmundo (Hag 2.14).*

El camino a la santidad no era simplemente la reconstrucción del templo, sino el reconocimiento de Jehová como su Señor. No se expresa solamente en el culto de adoración, sino primordialmente en una conducta ética coherente.

No nos referimos a "santidad" en el sentido de "perfección moral". El sentido de esta palabra en la Escritura es separación, consagración, exclusividad. Dios nos separó y nos consagró para Él. Cuando decimos que vivimos en santidad, no estamos diciendo que vivimos en perfección moral, sino que vivimos separados, consagrados, concentrados exclusivamente para Dios. Eso es ser Santo en la vida cristiana.

Por eso, cuando Dios exhorta a su pueblo, les dice: [...] *Así es este pueblo y esta gente delante de mí* [...]. Así, vemos que Dios los consagra exclusivamente para hacer su voluntad y los separa para vivir en obediencia, pero ellos actuaban como si nada de esto hubiese sido una realidad. En consecuencia, a pesar de su condición de "santidad", lo que hacían no era grato delante de Señor, por ello: [...] *toda obra de sus manos; y todo lo que aquí ofrecen es inmundo.*

Esto puede ser graficado de la siguiente manera: cuando uno deja remojando en detergente y por demasiados días alguna prenda de nuestra ropa, esta termina limpia; pero, luego, al secarse y usarla, se percibe que el olor impregnado no es el ideal, debido al exceso de humedad. En similitud con lo anterior, nosotros fuimos lavados por la sangre de Cristo, pero si nuestra vida limpia no sale al sol para ser usada como testimonio del poder y el amor de Dios, estaremos "limpios" pero "hediondos".

Entonces, Dios espera que nosotros —los que fuimos separados por Él, capacitados por su Espíritu y concentrados en su voluntad— respondamos según nuestra vocación[62], en los aspectos personal, familiar, laboral o académico de nuestras vidas.

---

[62] Efesios 4.1.

Si no respondemos de acuerdo con este llamado, servir a Dios en la iglesia no tiene el poder de purificar otros aspectos de nuestra vida, sino de tornarlos aún más inmundos. Si no vivimos consagrados a Dios, lo que hagamos en los otros aspectos de la vida, tiene el poder de manchar nuestro servicio a Él. Por más que estemos cumpliendo con Dios, nada de eso será agradable delante de sus ojos. Por ello, nuestro Señor nos está llamando a una mayor santidad, no sólo a ser cristianos activos, sino primordialmente a ser cristianos que viven la "santidad" que Dios les da diariamente.

## NOTAS:

_______________________________________________

_______________________________________________

_______________________________________________

_______________________________________________

_______________________________________________

_______________________________________________

_______________________________________________

## PREGUNTAS PARA LA REFLEXIÓN:

1.  *¿Qué cosas nos han desanimado a lo largo de nuestra vida cristiana?*

_______________________________________________

_______________________________________________

_______________________________________________

_______________________________________________

_______________________________________________

2.  *¿De qué manera la hipocresía y la inconsecuencia pueden dañar cualquier cosa que podamos hacer para Dios?*

_______________________________________________

_______________________________________________

_______________________________________________

_______________________________________________

3.  ¿Qué debemos hacer cuando nos metemos en una situación en el que no sabemos qué hacer, ni cómo manejarlo?

______________________________________________

______________________________________________

______________________________________________

______________________________________________

______________________________________________

4.  *¿Las cosas santas tienen el poder de purificar las cosas inmundas? ¿Las cosas inmundas tienen el poder de contaminar las cosas santas? ¿Qué implicancias tienen estos principios para nuestra espiritualidad?*

______________________________________________

______________________________________________

______________________________________________

______________________________________________

______________________________________________

5.  *¿Cuál es el significado de "santidad" desde el punto de vista bíblico, al diferenciarse del sentido de "perfección moral"?*

______________________________________________

______________________________________________

______________________________________________

______________________________________________

______________________________________________

# Una mejor forma
# de vivir la vida

**Tal vez no todos tengamos** las mismas experiencias en la vida, pero hay un patrón de varias cosas que se repiten. Así, la vida está hecha de muchas idas y vueltas, de caminos llanos pero también de quebradas abruptas, de rutinas y sorpresas, de alegrías y dolores, de apatías y emociones.

Esta profecía aborda las formas más desalentadoras de los proyectos que no se cumplen y las expectativas de la vida que van cavando hondo en nuestra forma de relacionarnos con lo humano y lo divino. Aunque es posible que no sea la experiencia de todos, ciertos patrones sí se repetirán en la mayoría.

No hay otra forma de conocer lo que es la vida más que viviendo, estando vivo, discurriendo con ella; pero, aunque nuestra visión de las cosas no se incline a mirar hacia atrás, debemos hacer este ejercicio constantemente. Alguien dijo: "Quien no tiene memoria, no tiene historia; quien no tiene historia, no tiene que agradecer"; y agregamos a esto que tampoco tendría de qué arrepentirse. Esta actitud frente a la vida no nos permite ver la realidad en toda su profundidad, mirar sólo hacia adelante nos da una visión superficial e incluso "ilusoria", y no nos permite caminar por la senda de la madurez, de la experiencia aprendida y aprehendida.

Si prestamos atención y nos detenemos a pensar en nuestra vida y las experiencias que han marcado nuestra existencia, podríamos ser más lúcidos en medio de lo irreflexivo de una cultura de la inmediatez y la autosuficiencia. Esta lucidez podría traernos brillantes rayos de esperanza al darnos cuenta de que las promesas de nuestro Dios son reales y palpables a lo largo de nuestro pasado, presente y futuro.

## Cuando nos concientiza su corrección

*Ahora, pues, meditad en vuestro corazón desde este día en adelante, antes que pongan piedra sobre piedra en el templo de Jehová. Antes que sucediesen estas cosas, venían al montón de veinte efas, y había diez; venían al lagar para sacar cincuenta cántaros, y había veinte* (Hag 2.15–16).

El profeta está llamando al pueblo a considerar lo que está pasando. Darle una mirada al pasado nos ayuda a leer el presente y a marchar hacia el futuro, porque sin discernimiento entramos en la inercia, la apatía y la ingratitud de un pueblo que siempre ha sido el pueblo especial y amado de Dios.

Tras las respuestas y afirmaciones ceremoniales y éticas, el profeta es guiado por el Señor a llamar a su pueblo a meditar en los sucesos desde su retorno del exilio. Los resultados de sus cosechas en los granos almacenados y en el vino producido no alcanzaban a sus expectativas y perdían el cincuenta por ciento.

El profeta los desafía al decirles que antes de que se pongan a hacer cualquier cosa, era necesario que piensen en "reconsiderar" su historia. Para reconstruir es necesario detenernos para observar el pasado y todo lo que hemos caminado.

El pueblo sólo había puesto los fundamentos y luego abandonó la obra por causa de los obstáculos y la oposición del "pueblo de la tierra". Pronto estuvieron ocupados en sus propios intereses, construyendo y adornando sus casas, mientras la Casa del Señor permanecía aún en ruinas. Sin embargo, ellos habían retornado del cautiverio babilónico con el claro propósito de reconstruir el templo.[63] Hicieron promesas y votos de involucrarse y comprometerse en esa obra, pero el tiempo y las dificultades les hicieron olvidar o, peor, colocar en un segundo plano esos votos y promesas.

Entonces, antes que comiencen cualquier otra cosa —les dice Dios— es necesario que consideren que había razón suficiente para que los fustigara. Debían madurar, no podían recomenzar como si nada hubiese pasado; primero debían entender que muchas de las dificultades que aún encontraban en el camino eran parte de la corrección divina, y eso se tradujo en la disminución del cincuenta por ciento en la producción del trigo y del sesenta por ciento la del vino.

Mientras tanto, todas estas cosas pasaban y el pueblo no se daba cuenta de su situación, como nos pasa a nosotros también en nuestras vidas. Pasan muchas cosas a nuestro alrededor. Dios está trabajando en nosotros, atrayéndonos hacia Él, moldeando nuestro carácter; pero nada nos concientiza, nada hace que nos demos cuenta de que las cosas que suceden en la vida no son "mala suerte" o un destino azaroso. Más bien es la intervención de un Dios que nos

---

[63] Esdras 1.5.

ama, que quiere que dejemos el letargo y la apatía en nuestra espiritualidad y en nuestras prioridades para asumir su disciplina y reconocerlo como un buen padre que disciplina al hijo que ama.

Es posible vivir mejor la vida como pueblo de Dios. Frente a los acaecimientos de la vida, debemos cabalmente preguntándonos: ¿conseguimos reconocer mejor a Dios en ellas?

# Cuando nos conmueve su intervención

> *Os herí con viento solano, con tizoncillo y con granizo en toda obra de vuestras manos; mas no os convertisteis a mí, dice Jehová* (Hag 2.17).

El pecado jamás queda impune. Es más, cuando el pueblo de Dios peca, su pecado es peor que el pecado del pueblo que no lo conoce. El pecado del creyente es más grave, más hipócrita y más dañino que el pecado del que no cree, porque lo hizo con un conocimiento mayor, porque el creyente denuncia el pecado desde el púlpito y lo practica en secreto. Dios los había herido […] *con viento solano, con tizoncillo y con granizo en toda obra de vuestras manos* […].

Lo interesante del texto es que estas tres formas de intervención divina eran las formas típicas de disciplina divina[64]. La Palabra hebrea para "tizón" deriva de un término hebreo que significa viento abrazador. El término "solano" se refiere generalmente al viento caliente que sopla de donde sale el sol, proveniente del desierto, que atraviesa el territorio.

---

[64] Amós 4.9.

El término tizón y el término solano se refieren a los efectos debilitadores del viento, que causan el marchitamiento y la destrucción de las plantas y el grano, y que termina creando una plaga, formando hongos producto de lluvias excesivas mezcladas con "granizo".

El pueblo no se daba cuenta de su situación, y es lo mismo que sucede con nosotros mientras Dios está interviniendo, porque la naturaleza es su mensajera y su sierva. Todas las circunstancias le obedecen, y al pasar muchas cosas en nuestra vida nada parece concientizarnos, nada hace que percibamos que las cosas suceden por la intervención de un Dios que nos ama, aunque tantas veces no entendamos esto como una muestra de su amor. Y, sin embargo, como niños maleducados e insolentes, nos portamos de manera pretenciosa y hasta desafiante.

Como en la profecía del profeta Amós doscientos años antes, el profeta Hageo vuelve a llamar a la conversión. Creían que la prosperidad era prioritaria y permanente; asimismo, el conflicto social entre los que tenían mucho y los que carecían de todo no encuadraba en el proyecto divino, por lo que el profeta debería denunciar la injusticia y advertir que Dios ha llamado y llamará la atención.

Las Sagradas Escrituras no prometen a un Dios detrás de un mostrador como dispensador de bendiciones. De hecho, la mejor figura que usa para mostrar la relación que Dios tiene con su pueblo es la de un padre con sus hijos. Por eso, no debemos ver a Dios solo dedicado a la entrega de bendiciones, pues Él actúa también atento a las dificultades, y aunque parece contradictorio, está en perfecta consonancia con su relación de amor y paternidad con su pueblo; su llamada firme tiene un propósito. Negar esto es tan absurdo como decir que un padre no debería corregir a su hijo, porque hacerlo sería sinónimo de maldad. Para todo buen padre, la represión es una de las muestras del amor que siente por sus hijos.

La corrección de Dios, aunque amarga, produce frutos de justicia. Su propósito no era destruir a su pueblo, sino salvarlo del pecado, de la maldad. En su reprensión, Dios se acerca al pecador, le acerca la santidad de su presencia. De la misma manera, su intervención en nuestras vidas tiene el propósito de llevarnos al arrepentimiento para que regresemos a Él.

Entre la tristeza y la soberbia, con todo, el pueblo endureció su cerviz y no volvió a Dios. La represión no produjo quebrantamiento en el pueblo, ni mucho menos inclinación a la obediencia.

## Cuando su promesa nos da esperanza

> *Meditad, pues, en vuestro corazón, desde este día en adelante, desde el día veinticuatro del noveno mes, desde el día que se echó el cimiento del templo de Jehová; meditad, pues, en vuestro corazón. ¿No está aún la simiente en el granero? Ni la vid, ni la higuera, ni el granado, ni el árbol de olivo ha florecido todavía; mas desde este día os bendeciré* (Hag 2.18–19).

Hasta el versículo 17, el profeta miraba para atrás, en retrospectiva, pero, a partir del versículo 18 comienza a mirar hacia adelante. Todo será diferente. Todo será nuevo ahora. Meditarán, interiorizarán y buscarán en sus sentimientos más profundos una actitud ante el mensaje el profeta.

Tras la desobediencia, el juicio divino y la corrección, la gracia de Dios comienza a manifestarse en el pueblo; es aquella gracia que acompaña a la justicia y marca un nuevo tiempo de bendición, obediencia, prosperidad y realizaciones en la vida.

Su promesa nos llena de esperanza. La reconstrucción del templo marcaría un nuevo tiempo para el pueblo de Dios. Cuando nos damos cuenta de que no por sus buenas acciones, no por la decisión de cumplir con el Señor, sino a pesar de ellos; Dios le hace una promesa al pueblo. La reconstrucción del templo traería consigo su gracia. La gloria de Dios sería mayor y ellos serían reconocidos por ser un pueblo santo, especial, que perdurará en la historia no por la perfección moral del pueblo, sino por su consagración a Él y a la esperanza de una nueva era, de ese día en el que el Mesías, del linaje de David, los bendecirá con salvación permanente.

La noticia del decreto de su gracia que anuncia la intervención de Dios para atraernos a Él, llega siempre en el momento oportuno para traernos esperanza. El profeta Hageo de parte de Dios dice: [...] *Ni la vid, ni la higuera, ni el granado, ni el árbol de olivo ha florecido todavía; mas desde este día os bendeciré* (v. 2.19). "Desde este día..." es una expresión técnica; se utilizaba para recordar antiguos documentos legales que servían de base para nuevos compromisos. Dios está firmando su Palabra. Es el decreto de su gracia. Por ella los campos vuelven a producir con abundancia; la agricultura vuelve a estar repleta de frutos. Los graneros vuelven a llenarse, y los viñeros desbordan nuevamente de uvas. Hageo estaba pidiendo que el pueblo confiara en Dios con relación a la próxima cosecha. No estaba hablando como un ingeniero agrónomo, ni como un técnico agrícola, sino como profeta de Dios. El día de la gracia y la victoria se habían acercado; llegaba el tiempo de confiar. Se trataba del principio de buscar primeramente el reino de Dios[65], en la seguridad de que Dios cuidaría del resto. Por eso, el profeta les dice: *Meditad, pues, en vuestro corazón [...] desde el día que se echó el cimiento del templo de Jehová; meditad, pues, en vuestro corazón* (v. 18). ¡Había llegado el tiempo de confiar en la gracia de Dios!

Dios ha firmado en la historia un documento legal, una promesa escrita y firmada por su Espíritu dándole un significado jurídico. Decidió entregar a su hijo JESUCRISTO por nosotros, y ese sacrificio nos haría libres de toda culpa y error, de toda indiferencia y rebeldía, de toda apatía y desinterés. El sacrificio de su hijo JESÚS y sus consecuencias nos traerían finalmente una mejor forma de vivir la vida.

---

[65] Mateo 6.33.

## NOTAS:

_______________________________________

_______________________________________

_______________________________________

_______________________________________

_______________________________________

_______________________________________

_______________________________________

_______________________________________

## PREGUNTAS PARA LA REFLEXIÓN:

1. *¿A dónde nos lleva la falta de discernimiento de la historia? ¿Conseguimos reconocer a Dios en medio de nuestras circunstancias?*

_______________________________________

_______________________________________

_______________________________________

_______________________________________

_______________________________________

2. *¿Por qué el pecado del creyente es más grave, más hipócrita y más dañino que el pecado del que no cree?*

_______________________________________

_______________________________________

_______________________________________

_______________________________________

_______________________________________

3. ¿De qué manera Dios muestra que ningún pecado queda impune?

____________________________________________________

____________________________________________________

____________________________________________________

____________________________________________________

____________________________________________________

4. ¿Qué papel cumple la gracia en la corrección de Dios hacia sus hijos? ¿Qué es lo que finalmente produce la disciplina aunque esta sea amarga y dolorosa?

____________________________________________________

____________________________________________________

____________________________________________________

____________________________________________________

____________________________________________________

5. ¿Qué documento legal ha firmado Dios en la historia en favor nuestro?

____________________________________________________

____________________________________________________

____________________________________________________

____________________________________________________

____________________________________________________

# Cuando nuestra vida adquiere significado

**Llegamos al último capítulo** de esta profecía, la cual terminará de la manera más gloriosa. Y es bueno que sea así, pues si en las Escrituras el pueblo de Dios logró comprender el significado de ella, mayor esperanza tenemos de que nosotros también lo hagamos. Si podemos digerir estos versículos, podremos experimentar esperanza y significado para nuestras vidas.

La Palabra de Dios tiene la virtud de darnos otra perspectiva de lo que es la vida y de proveernos esperanza cuando nada más lo pueda hacer. Y así como es necesario el oxígeno para los pulmones, del mismo modo es la esperanza para el propósito de la vida. La necesitamos cada día, pues estamos rodeados de crisis, de cosas difíciles que experimentamos en todos los niveles de nuestra existencia. ¿Cuántas veces nos hemos sentido desesperados, afligidos, angustiados? El mundo está lleno de problemas y cada uno debe responderse la pregunta de cómo los va a enfrentar.

Sabemos que todo niño tiene la habilidad de soñar, pero también somos conscientes de que luego, al crecer, se irá dando cuenta de que la realidad no entrega los sueños esperados, y que entonces el mundo que lo rodea se convertirá en un gran apagador de sueños, en un gran apagador de esperanzas. En la época de Hageo, la realidad no le entregaba al pueblo la posibilidad de seguir soñando con un tiempo mejor. A pesar de que la reconstrucción del templo se había iniciado, no les estaba yendo bien, pues no tenían todos los materiales que necesitaban para la reconstrucción. Era una situación muy difícil. Había algo en el corazón del pueblo que golpeaba y minaba su deseo de seguir adelante.

Dios le había prometido a David, el gran rey de Israel: *Tu casa y tu reino durarán para siempre delante de mí; tu trono quedará establecido para siempre*[66]. De ahí la desesperanza del pueblo. Ellos ya no tenían un rey, y Zorobabel, que era el descendiente directo de David, era apenas un gobernador súbdito de un rey extranjero. Para el pueblo judío, la figura del rey representaba la del pueblo. Estaban tan unidos que la promesa a David era también una promesa para el pueblo judío. Su reino para siempre, le daría al pueblo una seguridad constante y un significado en el mundo. Ellos serían el pueblo elegido por Dios.

Las circunstancias difíciles, la falta de recursos, la intromisión de los enemigos, eran nada comparado al hecho de que no contaban con un rey en el trono y, por lo tanto, no tenían nada asegurado para el futuro. Estaban bajo un poder ajeno y no tenían significado y su seguridad era inestable.

El estar desestabilizados, entregados a su destino, desanimados, porque supuestamente Dios no había cumplido su promesa, formaban el cuadro clínico del pueblo. La falta de esperanza, que era la raíz del desinterés por reconstruir el templo, y el hecho de que quisieran preocuparse sólo de ellos mismos y sus casas, que pensaran que la gloria del Templo de Salomón nunca sería superada por el templo que

---

[66] 2 Samuel 7.16 (NVI).

estaban construyendo, constituían los síntomas. No había promesa para el rey; peor aún, no había rey. Habían perdido aquella seguridad de sentirse pueblo de Dios, y sus vidas carecían de significado.

Entonces, la profecía entra en acción alimentando, proveyendo esperanza, seguridad y significado para todo aquel que cree en esta promesa: *En aquel día, dice Jehová de los ejércitos, te tomaré, oh Zorobabel […], siervo mío, […] y te pondré como anillo de sellar; porque yo te escogí […]* (Hag 2.23).

## Dios nos recuerda quién tiene el poder

> *Vino por segunda vez palabra de Jehová a Hageo,*
> *a los veinticuatro días del mismo mes, diciendo:*
> *Habla a Zorobabel gobernador de Judá, diciendo:*
> *Yo haré temblar los cielos y la tierra; y trastornaré*
> *el trono de los reinos, y destruiré la fuerza de los*
> *reinos de las naciones; trastornaré los carros y los*
> *que en ellos suben, y vendrán abajo los caballos y*
> *sus jinetes, cada cual por la espada de su hermano*
> (Hag 2.20–22).

Esta última profecía perfila nuevos horizontes frente a los ojos de la fe. El profeta visualizó, de lejos, acontecimientos de la historia de la era mesiánica. Se elevó al gigante de la revelación para dar cuenta de que la profecía llega al clímax del sentimiento monárquico davídico, aun cuando el nombre de David no ha sido mencionado. El mensaje está dirigido a Zorobabel, ancestro de Jesús,[67] nacido y criado

---

67 Lucas 3.27.

en Babilonia, quien representa el fin de la dinastía davídica y, a su vez, la proyección de la continuidad del pacto hecho por Jehová Dios con David, según el cual su reino no tendrá fin.[68]

Esta profecía no era una especie de campaña política de conspiración contra los persas, para promover la ascensión de Zorobabel, gobernador, como rey de los judíos. Es una promesa dirigida a él como descendiente del linaje de David.

El reino de Dios sobre los demás reinos, sin dinastía davídica recuperable, sin trono ni fuerzas militares de las naciones para conquistar y dominar, es la trayectoria del proyecto divino mesiánico, que aún se vio resistido por el imperio de Alejandro Magno, luego por el Imperio romano y los demás imperios a lo largo de la historia.

Por ello, el reino de Dios le da significado pleno a nuestra vida y a nuestra historia. Nuestra lealtad a su reino se refleja en tanto lo demandado de Dios[69], y participando de su avance, va adquiriendo significado en nuestras vidas y en nuestra visión del mundo. Todo lo demás es efímero; toda nación poderosa no se compara con el reino; todo sueño de comodidad, no se compara con el hecho de estar ante la presencia del Espíritu de Jehová Dios, que nos anima y nos dice que no temamos, porque Él, el Todopoderoso, está con nosotros.

Una vez más la memoria del Éxodo aparece en el exilio; Dios destruirá los carros de guerra y derribará a los guerreros a caballo. La liberación del dominio de las fuerzas y armas destructoras está entre sus planes, que por medio de conflictos internos en las naciones terminarían devastando el poder de los imperios que se sucedían hasta entonces.

---

[68] 2 Samuel 7.12–13.
[69] Mateo 6.10.

# Dios nos recuerda lo que debemos ver en la historia

*En aquel día, dice Jehová de los ejércitos, te tomaré, oh Zorobabel hijo de Salatiel, siervo mío, dice Jehová, y te pondré como anillo de sellar […]* (Hag 2.23a).

Zorobabel debía entender que el gobierno de Dios abarca todo el cosmos, pues las redes de la historia no están en manos de los poderosos de este mundo, ni de un imperio. Dios sigue siendo el soberano, y aunque tristemente haya algunos que piensen que pueden controlarlo todo, en realidad es Dios Todopoderoso quien dirige cada evento y autoridad, al margen de cualquier ideología.

El ser humano se organizó monárquicamente para independizarse de Dios, pero "su trono" no fue históricamente la voluntad de Dios. Jehová reina y nadie puede suplantarlo.[70] Dios ahora está desarticulando esta monarquía, pero también destruyendo el poder de los reinos de las naciones que cumplieron un rol significativo en el cautiverio de su pueblo. Vendrá un día en que Zorobabel se convertirá en siervo de Jehová, quien como un "anillo de sellar" reordenará la vida de su pueblo en función de su reino eterno.

El nuevo orden político, social, económico y religioso de su reino ya no estará basado en la persona de un rey, quien necesita de un sistema opresor y de abuso del poder para gobernar, sistema al que su pueblo estaba acostumbrado desde su insistencia en tener un rey. Pasar a ser cautivos de

---

[70] 1 Samuel 8.7, 19; Salmo 93.1.

un régimen monárquico a otro no les produjo gran cambio, pero sus vidas, sin el templo en el que se manifestaba la gloria de Dios, comenzaron a perder significado.

Los judíos que escuchaban esta profecía no lo podían ver, pero el profeta Hageo sube a los hombros del gigante y contemplando, con el telescopio de la fe, ve el futuro escatológico y anuncia lo que nuestros ojos naturales no pueden ver: la irrupción del Redentor en la historia.

Todos los términos usados describen al Mesías: "te escogí... siervo mío... anillo de sellar". Jesús de Nazaret es el Mesías esperado de la dinastía davídica, que habría de venir al mundo para establecer su reino de gracia y después consumarlo todo en su reino de gloria.

Hageo, para su generación, estaba hablando de lo que los ojos no alcanzaban a ver. Dios nos muestra el significado de los acontecimientos presentes a fin de recuperar la esperanza en el cumplimiento de sus promesas para su pueblo. Cuando uno tiene esperanza cree, no especula, hay algo que le da seguridad.

El texto nos habla acerca de un anillo. El profeta dice que colocará al descendiente de David como "anillo de sellar", que es un signo de autoridad. Los reyes utilizaban el anillo de sellar para refrendar y autenticar los documentos oficiales, las leyes y decretos que eran promulgados. Era el símbolo de poder y autoridad. El sello estampaba el documento hasta llegar a su destinatario, quien rompía el estampado y se enteraba.

Jeremías le había dado el mensaje de Dios a su abuelo Jeconías, que el "ser anillo de la mano derecha" no era una garantía para que Dios lleve adelante su proyecto redentor.[71]

---

[71] Jeremías 22.24.

Zorobabel será "como un anillo de sellar", un símbolo de que la terminación del nuevo templo y la mayor gloria de este cerraron una era, con la expectativa "ansiosa" de la restauración de la dinastía davídica. Y sólo Jesús, hijo de David, abrirá el sello y reanudará la manifestación poderosa de la gloria de Dios en la historia.

# Dios nos recuerda lo que no debemos olvidar

> *[…] porque yo te escogí, dice Jehová de los ejércitos* (Hag 2.23b).

Dios nos anuncia que todo esto responde a sus planes eternos. Y no debemos olvidar que somos su pueblo especial, que nuestra vida tiene sentido sólo en Él. Cuando pensamos en lo que le da sentido a nuestras vidas y a nuestra historia, lo hacemos pensando en lo que construimos, lo que buscamos, lo que adquirimos, y pronto nos topamos con un escenario muy distinto al esperado, que revela que nuestras *[…] cisternas rotas que no retienen agua*[72].

Necesitamos un significado mayor, algo que llene y complete total y plenamente nuestra vida. El Dios del universo envió a su hijo Jesucristo para que nosotros fuésemos reconciliados con Él, para que tuviéramos esperanza y Él sea el anillo de sellar que haga posible el plan de Dios para nuestra existencia.

Para el pueblo judío, el rey era el pueblo, y el pueblo era el rey. Estaban tan unidos que las promesas para el rey

---

[72] Jeremías 2.13.

constituían también una promesa para el pueblo. Y aquí tenemos una imagen preciosa. Dios le dice al descendiente de David, al representante del Mesías: "Yo te escogí". Y el pueblo estaba tan unido a su rey, y el rey tan unido a su pueblo, que esa promesa era también para ellos.

Si nosotros llegamos a captar esto, la Palabra de Dios nos asegura que tiene el poder de cambiar la perspectiva de nuestra vida. Las situaciones que estamos pasando, las dificultades que nos han perseguido, tienen un propósito, y Jesús le da un significado a cada una de ellas.

No lo olvidemos: cada día Él nos hace recordar que nosotros somos su especial tesoro, y nos perdonará, como un padre perdona a su hijo[73].

---

[73] Malaquías 3.17.

## NOTAS:

_______________________________

_______________________________

_______________________________

_______________________________

_______________________________

_______________________________

_______________________________

## PREGUNTAS PARA LA REFLEXIÓN:

1. *¿Qué impedía al pueblo de Dios soñar con un futuro más glorioso? ¿Qué ha impedido que soñemos con un tiempo mejor para nuestra vida?*

_______________________________

_______________________________

_______________________________

_______________________________

2. *Al subirse al gigante de la revelación para llegar al clímax del sentimiento monárquico davídico, ¿a quién se refiere el profeta cuando se dirige a Zorobabel?*

_______________________________

_______________________________

_______________________________

_______________________________

3. ¿Qué significado tiene el "anillo de sellar"?

_______________________________________________

_______________________________________________

_______________________________________________

_______________________________________________

_______________________________________________

_______________________________________________

4. ¿Cuál es el significado mayor que llena y completa total y plenamente nuestra vida?

_______________________________________________

_______________________________________________

_______________________________________________

_______________________________________________

_______________________________________________

_______________________________________________

5. ¿Por qué la promesa para el rey también es para el pueblo? ¿Qué es necesario para que esa promesa sea también para nosotros?

_______________________________________________

_______________________________________________

_______________________________________________

_______________________________________________

_______________________________________________

_______________________________________________

# Conclusión

**El pueblo de Dios** siempre ha sido proclive a sufrir una resignación histórica que le impide continuar con los proyectos de Dios en la historia. Pero el profeta nos llena de esperanza cuando nos presenta a Dios dispuesto a un diálogo honesto, motivador e impulsor de nuevas realidades en la espiritualidad.

El cristianismo debe apropiarse de esta palabra profética frente al silencio de la resignación, pues necesita una espiritualidad que madure hacia la recuperación del servicio y la santidad como parte de su experiencia de pueblo de Dios.

Debemos perder el miedo de realizar una interpretación más contestataria al paquete de "cristianismo" que hemos recibido, a aquella forma de interpretar la historia y la teología que oprime y que se conforma con el *statu quo* sin visión, sin imaginación profética ni sueños. La palabra de Hageo es la muestra de que Dios debe cansarse de algunas de nuestras teorías teológicas que sólo minan la obra de expansión de su reino y de su gloria aquí en la tierra.

La profecía de Hageo es un llamado urgente a permanecer lúcidos en la austeridad, sencillez y humildad del cristianismo. La gloria de Dios siempre sobrepasa el espacio de culto, y Dios se muestra más glorioso en la funcionalidad, eficiencia y practicidad del avance de la conciencia de su reinado.

Hageo nos invita a meditar bien en nuestros caminos, a revisar nuestras inversiones y resultados, porque es imprescindible que volvamos a alegrarnos y a soñar en ver el retorno de una espiritualidad centrada en Jesucristo; es una oportunidad para actuar de forma diferente en nuestra historia.

El profeta insiste en convencernos de la necesidad de un cambio profundo en nuestra forma de encarar la vida. Nos da una visión de la realidad contraria a aquella que legitima y santifica cierta forma de vivir con una teología sesgada, que no cuestiona liderazgos ni pseudoespiritualidades, una teología que ha desarrollado la idea de haber domesticado a Dios.

La oportunidad, novedosa para nuestros tiempos actuales, que nos plantea Dios por medio de su profeta, parece no ser atractiva, pues en muchas ocasiones la espiritualidad de la iglesia ha conseguido labrar un vacío en lo sagrado, una ausencia preocupante en lo central de su fe y ha comenzado a girar en torno a lo suyo, a los espacios en los que se refugia.

No obstante, Dios espera obediencia a su Palabra, la cual será la única evidencia de haber escuchado la voz de Dios. Ya lo decíamos más arriba, la obediencia a su Palabra es lo que Dios más espera de su pueblo, porque fe no es creer a pesar de las evidencias, sino a pesar de las consecuencias.

En esta realidad espiritual de la obediencia, el Espíritu de Dios se mueve significativamente entre quienes están en el camino de ver una mayor manifestación de la gloria de Dios. Es posible reconstruir nuestra espiritualidad, traducida en compromiso y enfoque prioritario en su reino.

Que Dios nos permita subir a los hombros del gigante y contemplar, como lo hizo el profeta, con el telescopio de la fe, nuestro futuro, lo que nuestros ojos naturales no pueden ver: la llegada de una espiritualidad renovada y centrada en la persona de Cristo, nuestro Salvador.

# Bibliografía


Lasor, William S., David A. Hubbard, F. W. Bush

    1995   *Panorama del Antiguo Testamento.* Grand Rapids, Michigan: Libros Desafíos.

Robinson, George L.

    1984   *Los doce profetas menores.* El Paso, Tx: Casa Bautista de Publicaciones, p. 117.

Sicre, José L.

    1998   *Profetismo en Israel. El profeta, los profetas, el mensaje.* Estela Navarra: Verbo Divino.

Smith, Ralph L.

    1998   *Word Biblical Commentary.* Volumen 32. Micah-Malachi, Dallas, Texas: Word Books, Publisher.

Sociedades Bíblicas Unidas

    2011   *Reina Valera Contemporánea.* USA: SBU.

    2010   *La Palabra.* Madrid: Sociedad Bíblica de España.

Surburg, Raymond F.

    1975   *Introduction to the Intertestamental Period.* St. Louis Missouri: Concordia.

Young, Edward J.

    1953   *An introduction to the Old Testament.* Grand Rapids, Michigan: Wm. B. Eerdmans Publishing Co. Grand Rapids.